Bewusstsein oder Geist?

Rudolf Steiner

BEWUSSTSEIN ODER GEIST?

Die Psychoanalyse und die Sonderstellung der Anthroposophie

Rudolf Steiner Ausgaben

Der Wortlaut der in den *Rudolf Steiner Ausgaben* gedruckten Vorträge Rudolf Steiners geht auf die ursprünglichen Klartextnachschriften und Erstdrucke zurück, unter Berücksichtigung der danach erfolgten Veröffentlichungen.

2. Auflage 2019

Herausgeber: Rudolf Steiner Ausgaben
(Monika Grimm, Bad Liebenzell)
Redaktion: Pietro Archiati, Bad Liebenzell
Korrektorat: Ute von Herrmann, Stuttgart
Druck: GGP Media, Pößneck

ISBN: 978-3-86772-158-5

Rudolf Steiner Ausgaben e. K.
Burghaldenweg 37 · D-75378 Bad Liebenzell
Telefon: (07052) 935284 · Telefax: (07052) 934809
anfrage@rudolfsteinerausgaben.com
www.rudolfsteinerausgaben.com

INHALT

ZWEI VORTRÄGE ÜBER PSYCHOANALYSE

(Dornach 1917)

ANHANG

ARISTOTELES
«Über Gedächtnis und Erinnerung»
S. 156

RUDOLF STEINER
Das Ich zwischen Bewusstsein und Geist
S. 192

* * *

ZWEI VORTRÄGE ÜBER PSYCHOANALYSE

Erster Vortrag

Was sagt die Psychoanalyse?

Dornach, 10. November 1917

Meine lieben Freunde!

Gelegentlich der Vorträge, die ich in Zürich jetzt zu halten habe, ist mir immer wieder entgegengetreten, dass man kaum mit dem geistigen Leben dieser Stadt in weiterem Umfang in Berührung kommen kann, ohne dass man den Blick auf das hinlenkt, was jetzt die analytische Psychologie oder auch Psychoanalyse genannt wird.

Verschiedene Erwägungen, die sich an dieses Aperçu knüpfen, veranlassen mich heute, das, was ich vorzubringen habe, mit einem kurzen Hinweis auf mancherlei einzuleiten gerade aus der analytischen Psychologie, aus der Psychoanalyse. Wir werden dann morgen andere Bemerkungen daran zu knüpfen haben. Wir haben gesehen, wie bedeutungsvoll es gerade für den anthroposophisch orientierten Geisteswissenschaftler ist, seine Betrachtungen an das anzuknüpfen, was die Zeit darbietet, was die Zeit bewegt.

Es fühlen sich heute auch allerlei Leute zur Psychoanalyse hingezogen, die ernsthaft nach den geistigen Untergründen des Daseins, nach der seelischen Innerlichkeit des Menschen suchen. Es entspricht einer Charaktereigentümlichkeit unserer Zeitepoche, dass eine Reihe unserer

Zeitgenossen gerade auf ganz bestimmte, eigentümlich geartete Kräfte in der menschlichen Seele aufmerksam wird. Und zu denen, die heute einfach durch die Impulse der Zeit mit der Nase auf gewisse Erscheinungen des Seelenlebens gestoßen werden, zu denen gehören die Psychoanalytiker.

Es ist ganz besonders wichtig, nicht unaufmerksam zu sein auf diese Bewegung auch aus dem Grund, weil die Ereignisse, auf die diese Bewegung losgeht, einmal da sind, und weil sie in unserer Zeit – aus verschiedenen Gründen, die wir noch besprechen werden –, weil sie in unserer Zeit ganz besonders dem Menschen vor das Seelenauge treten. Der Mensch muss heute auf dergleichen Erscheinungen aufmerksam werden.

Auf der anderen Seite liegt das vor, dass die Menschen, die sich heute mit diesen Dingen befassen, die Erkenntnismittel entbehren, diese Dinge zu besprechen, diese Dinge vor allem zu verstehen. Sodass man sagen kann: Psychoanalyse ist in unserer Zeit eine Erscheinung, die die Menschen dazu nötigt, auf gewisse Seelenvorgänge aufmerksam zu werden, sie aber auf der anderen Seite veranlasst, solche Seelenerscheinungen mit unzulänglichen Erkenntnismitteln zu betrachten.

Das ist ganz besonders bedeutsam, weil die Betrachtung mit unzulänglichen Erkenntnismitteln einer Sache, die ganz augenscheinlich da ist und die menschliche Erkenntnis in der Gegenwart herausfordert, weil eine solche Betrachtung zu den mannigfaltigsten Verirrungen führt und nicht ungefährlich für das soziale Leben ist – für die Fortentwicklung der Erkenntnis und für den Einfluss auf das soziale Leben.

Viertelwahrheiten können unter Umständen schädlicher sein als ganze Irrtümer. Und als eine Art von Viertelwahrheiten müssen die Dinge betrachtet werden, die bei den psychoanalytischen Theoretikern heute zutage treten. Wir wollen versuchen, uns einiges sozusagen aus dem Forschungsmagazin der Psychoanalytiker vor die Seele zu führen.

Ausgegangen ist das, was man Psychoanalyse nennt, von einem Krankheitsfall, den ein Wiener Arzt, der Wiener Internist Dr. Breuer (Joseph Breuer, 1842-1925) schon in den 80er Jahren beobachtet hat. Dr. Breuer, den ich selbst kannte, war ein außerordentlich feingeistiger Mensch neben dem, dass er Arzt war. Er war interessiert an allen möglichen ästhetischen und allgemein menschlichen Fragen in wirklich hohem Maße. Bei der intimen Art, mit der er auf Krankheitsfälle einging, war ihm begreiflicherweise ein Krankheitsfall, den er in den 80er Jahren hatte, ganz besonders interessant.

Er hatte eine Dame zu behandeln, die anscheinend unter schweren hysterischen Krankheitserscheinungen litt. Diese schweren hysterischen Erscheinungen bestanden darin, dass die Dame zuweilen eine einseitige Armlähmung hatte, dass sie Dämmerzustände hatte, Herabdämmerung des Bewusstseins, Schlaftrunkenheit in bedeutsam tiefer Form, und dass sie außerdem die Sprache vergessen hat, die sie sonst als ihre Umgangssprache hatte. Sie hatte immer deutsch sprechen können, das war auch ihre Sprache, aber unter dem Einfluss ihrer hysterischen Krankheit konnte sie nicht mehr deutsch sprechen, sie konnte nur noch englisch sprechen, verstand nur noch Englisch, verstand gar nicht mehr Deutsch.

Breuer bemerkte, wenn die Dame in ihrem Dämmerzustand war, dass man sie veranlassen konnte, durch eine intimere ärztliche Behandlung veranlassen konnte, die Rede auf eine bestimmte Szene zu bringen, die sie erlebt hatte, auf ein sehr schweres Erlebnis. Ich will Ihnen aus der Darstellung dieses Falles, die von der Breuer'schen Schule gegeben worden ist, anschaulich machen, wie die Dame aus ihrem Dämmerzustand heraus – teilweise auch unter künstlich herbeigeführten Dämmerzuständen, denn Breuer konnte gut den Menschen in Hypnose versetzen –, wenn Breuer die Dame in Hypnose versetzt hatte und sie veranlasste, etwas von diesem Erlebnis zu sagen, wie sie dann darüber sprach. Und dadurch bekam man die Vorstellung, dass diese Hysterie, von der sie befallen war, mit einem ganz bestimmten Krankheitsfall zusammenhing, den sie mit ihrem Vater vor langer Zeit durchgemacht hatte.

Der Vater war krank, sie beteiligte sich in ganz wesentlicher Weise an der Krankenpflege, und sie hatte einmal ein Erlebnis bei dieser Krankenpflege. Auf dieses Erlebnis kam sie immer wieder zu sprechen, und eine Darstellung, die sie bei solcher Gelegenheit gab, wie ich sie eben charakterisiert habe, ist die folgende:[1]

> «Einmal wachte sie Nachts in grosser Angst um den hochfiebernden Kranken und in Spannung, weil von Wien ein Chirurg zur Operation erwartet wurde. Die Mutter hatte sich für einige Zeit entfernt, und Anna sass am Krankenbette, den *rechten* Arm über die Stuhllehne gelegt. Sie gerieth in einen Zustand von Wachträumen und sah, wie von der Wand her eine schwarze Schlange sich dem Kranken näherte, um ihn zu beissen.»

Dem Menschen der Gegenwart schlägt immer der Materialismus ins Genick, und so finden wir in diesem Krankheitsbericht auch die folgende Bemerkung, auf die nicht weiter etwas zu geben ist:

> «(Es ist sehr wahrscheinlich, dass auf der Wiese hinter dem Hause wirklich einige Schlangen vorkamen, über die das Mädchen früher schon erschrocken war, und die nun das Material der Hallucination abgaben.)»

Also das ist nur eine Zwischenbemerkung, auf die man mehr oder weniger geben mag oder nicht, das ist gleichgültig. Also die Schlange kam aus der Wand heraus und wollte den Vater beißen – so stellte sie sich das vor.

---

1 *Studien über Hysterie,* von Dr. Jos. Breuer und Dr. Sigm. Freud (Leipzig und Wien 1895), S. 30.

> «Sie wollte das Thier abwehren, war aber wie gelähmt; der rechte Arm, über der Stuhllehne hängend, war ‹eingeschlafen›, anästhetisch und paretisch geworden, und als sie ihn betrachtete, verwandelten sich die Finger in kleine Schlangen mit Totenköpfen (Nägel).»

Das war also alles am Krankenbett des Vaters.

> «Wahrscheinlich machte sie Versuche, die Schlange mit dem gelähmten rechten Arm zu verjagen, und dadurch trat die Anästhesie und Lähmung derselben in Association mit der Schlangenhallucination. – Als diese geschwunden war, wollte sie in ihrer Angst beten, aber jede Sprache versagte, sie konnte in keiner sprechen, bis sie endlich einen *englischen* Kindervers fand und nun auch in dieser Sprache fortdenken und beten konnte.»

Von diesem Ereignis ist diese ganze Krankheit ausgegangen. Von diesem Ereignis blieb also eine einseitige Handlähmung, Dämmerzustände, und die Unfähigkeit, sich in einer anderen als in der englischen Sprache auszudrücken.

Dr. Breuer bemerkte, dass eine Erleichterung des Zustandes immer dann eintrat, wenn er sie erzählen ließ, und darauf gründete er seinen Heilplan. Er versuchte, den ganzen Tatbestand nach und nach herauszubekommen, indem er die Kranke hypnotisierte, und es gelang ihm dadurch, eine wesentliche Besserung des Zustandes herbeizuführen, sodass die Kranke die Sache loswurde, indem sie sie von sich gab und einem anderen mitteilte.

Breuer und sein Mitarbeiter Freud (Sigmund Freud, 1856-1939), die damals begreiflicherweise aus der Zeitgeschichte heraus in Wien unter dem Einfluss der Charcot'schen Schule (Jean-Martin Charcot, 1825-1893) in Paris standen, sie hatten es zunächst dem zugeschrieben, was man ein seelisches Trauma, eine seelische Verwundung nennen kann, ein «nervous shock», wie es in England genannt wurde. Der seelische Schock sollte also in diesem Erlebnis am Krankenbett bestanden haben, und sollte von der Seele ähnlich wie eine physische Verwundung auf den Leib wirken.

Es muss von vornherein bemerkt werden, dass Breuer die ganze Sache als eine seelische Krankheit aufgefasst hat, sie als eine innere Angelegenheit betrachtet hat. Er war von vornherein davon überzeugt, dass anatomische oder physiologische Veränderungen nicht nachweisbar gewesen wären, also zum Beispiel nicht irgendwie eine Veränderung zugrunde gelegen hätte in jenen Nerven, die von der Hand nach dem Gehirn gehen, oder dergleichen. Davon war er von vornherein überzeugt, dass er mit einer innerlich-psychischen Tatsache zu tun hatte.

Man war in den ersten Zeiten geneigt, die Sache so zu betrachten, dass man sich sagte: Solche Dinge können eintreten durch seelische Verwundung, durch Traumata, Schocks und dergleichen. Bald aber nahm die Sache dadurch einen anderen Charakter an, dass sich insbesondere Dr. Freud mit ihr beschäftigte, mit dessen weiterem Verfolgen der Sache Dr. Breuer keineswegs einverstanden war.

Die Sache nahm einen anderen Charakter an, als Dr. Freud sich sagte: Mit dem seelischen Schock, mit der seelischen Verwundung die Sache zu erklären, das geht doch nicht an, man kommt damit nicht aus. Auch Breuer war davon überzeugt, dass man damit nicht auskommt, wenn man bloß von der seelischen Verwundung spricht. So versuchte denn Freud, die Sache weiterzuverfolgen.

Ich bemerke in Parenthese, dass Dr. Breuer ein vielbeschäftigter praktischer Arzt war, gründlich wissenschaftlich durchgebildet, ein ausgezeichneter Schüler von Nothnagel (Hermann Nothnagel, 1841-1905) war. Nur durch äußere Umstände ist er nicht Professor geworden. Man kann, wenn man solche Dinge hypothetisch ausspricht, der Meinung sein, dass, wenn Breuer eine Professur bekommen und die Sache verfolgt hätte – während er einer der meistbeschäftigten Internisten von Wien war und sich wenig damit wissenschaftlich befassen konnte –, wenn Breuer die Sache weiterverfolgt hätte, so hätte sie vielleicht eine ganz andere Gestalt bekommen.

Nun beschäftigte sich vorzugsweise Dr. Freud mit der Sache. Er sagte sich: Mit dem bloßen Trauma, mit der Seelenverwundung kommen wir nicht aus. Es handelt sich darum nachzuforschen, unter welchen Bedingungen eine solche – man kann sie Seelenverwundung nennen – eine solche Seelenverwundung wirkt. Denn mit Recht sagte er sich: Das Mädchen saß am Krankenbett des Vaters, aber viele Menschen sitzen am Krankenbett, die ebenso tiefe Eindrücke haben, und denen eine solche Sache nicht passiert.

Der unwissenschaftliche Laie ist in solch einem Fall sehr bald fertig mit einer außerordentlich tiefsinnigen Erklärung. Er sagt: Nun ja, der eine hat die Disposition, der andere hat nicht die Disposition.[2] Das ist nicht sehr tiefsinnig, das ist das Albernste, was man sagen kann. Denn wenn man die Dinge, die da sind in der Welt, alle als «Disposition» erklärt, so kann man leicht eine Erklärung für alles finden. Man braucht nur zu sagen: Es ist die Disposition dazu da!

---

2 *Die Psychologie der unbewussten Prozesse,* Ein Ueberblick über die moderne Theorie und Methode der analytischen Psychologie, von C. G. Jung (Zürich 1917), S. 17-18:

> «Freuds Forschergeist konnte aber nicht lange an dieser Oberfläche haften, denn schon tauchten tiefere und schwierigere Probleme auf. Es ist gewiss einleuchtend, dass solche Momente starker Angst, wie sie Breuers Patientin erlebte, einen dauernden Eindruck hinterlassen können. [...] Sollte die anstrengende Krankenpflege solches bewirken? Dann müsste Aehnliches viel häufiger vorkommen [...] Auf dieses Problem gibt es in der Medizin eine ausgezeichnete Antwort: man sagt: ‹das x in der Rechnung ist die Disposition.› Man ist eben zu diesen Dingen ‹disponiert›. Das Problem Freuds aber war: Worin besteht die Disposition? Diese Fragestellung führte logischerweise zu einer Untersuchung der Vorgeschichte des psychischen Traumas.»

In der Folge wird im Text auf dieses Buch mit «Jung 1917» hingewiesen.

Also mit solchen Dingen wollten sich natürlich die Menschen, die ernsthaft dachten, nicht befassen. So suchte man nach den Bedingungen solcher Fälle, wie der folgende einer ist. Sie finden unzählige solche Fälle in der Literatur der Psychoanalytiker heute schon verzeichnet. Man kann sagen, dass ungeheuerstes Material zusammengetragen ist, um auf dies und jenes auf diesem Gebiet zu kommen. Also ein Fall, den Psychoanalytiker verzeichnen, ist der folgende (s. Jung 1917, S. 18). Ich will ihn so erzählen, wie es am verständlichsten ist. Es handelt sich für uns dabei nicht um eine absolute historische Genauigkeit:

> Eine Dame war mit anderen Gästen in einer Gesellschaft, in einer Abendgesellschaft. In dieser Abendgesellschaft feierte man das Abschiedsfest für die Hausfrau, welche nervös geworden war und einen ausländischen Kurort aufsuchen musste. Sie sollte abreisen an dem Abend, man feierte das Abschiedsfest. Und als man auseinandergegangen war, als die Hausfrau abgereist war, da ging die Dame, um die es sich hier handelt, deren Fall beschrieben werden soll, die ging mit einigen anderen Gästen, die aus dem Souper kamen. Und als sie auf der Straße gingen, da kam von hinterrücks her um die Ecke gebogen, in die Straße einbiegend, eine Droschke, eine Pferdedroschke sehr

> rasch gefahren. In den Städten macht man es öfter so, wenn man nach Hause geht, dass man nicht auf dem Seitentrottoir, sondern mitten auf der Straße geht – ich weiß nicht, ob Sie diese Erfahrung schon gemacht haben. Als der Wagen heransauste, da liefen nach rechts und links die Leute, die von dem Souper kamen, aufs Trottoir. Nur die Dame, um die es sich handelt, die lief nicht aufs Trottoir, sondern lief vor dem Wagen fort, vor den Pferden davon auf der Straße weiter. Sie war trotz des Fluchens und Schimpfens des Kutschers nicht davon abzubringen, vor dem Wagen herzusausen. So lange rannte sie vor dem Wagen her, trotz des Knallens mit der Peitsche, bis sie an eine Brücke kam. Da wollte sie sich ins Wasser stürzen, aus Furcht überfahren zu werden. Sie wurde von Passanten gerettet, wurde zu ihrer Gesellschaft zurückgebracht. Sie wurde auf diese Weise vor einem großen Unfall bewahrt.

Diese Erscheinung hängt natürlich mit dem ganzen Befinden der betreffenden Dame zusammen. Es ist eine ausgesprochen hysterische Sache, wenn man vor den Pferden davonläuft, statt auf das Trottoir abzubiegen. Nun handelte es sich darum, nach den Ursachen einer solchen Angelegenheit zu forschen. Da kam Freud zunächst darauf, weil er in diesem Fall, wie in anderen Fällen, bestrebt war, gewisse

Teile der Ursachen im zurückliegenden Leben zu suchen, also in dem Leben zu suchen, das der Betreffende als Kind oder überhaupt früher durchgemacht hatte, wo etwas aufgetreten ist, was seelisch nicht ganz verarbeitet ist. Das kann eine Impulsanlage zurücklassen, und die kann dann später durch irgendwelche schockierenden Ereignisse ausgelöst werden. Und es fand sich auch leicht ein solches Erlebnis in der Kindheit der betreffenden Dame:

> Sie war einmal als Kind von Pferden gefahren worden, und dem Wagen war passiert, dass die Pferde scheu wurden, durchgingen und gerade auf das Ufer des Flusses losstürmten. Der Kutscher sprang ab, forderte auch das Kind auf, abzuspringen. Im letzten Augenblick sprang es noch ab, und der Wagen mit den Pferden sauste in den Fluss hinein. Die Pferde waren mit dem ganzen Wagen zugrunde gegangen.

Also das schockierende Ereignis war da. Eine Assoziation zwischen Pferd und Pferd war auch da. In dem Augenblick, wo die Dame den Pferden gegenüber Gefahr sah, verlor sie den Halt, das Bewusstsein, und rannte vor dem Wagen her, statt auszuweichen – unter dem Einfluss, unter der Nachwirkung des infantilen Erlebnisses.

Man kann daraus ersehen, dass bei den Psychoanalytikern eine wissenschaftliche Methodik zu finden ist, so wie man heute Wissenschaft treibt. Das haben die Psychoanalytiker schon.

Aber es gibt natürlich sehr viele Menschen, denen in der Jugend so etwas passiert ist, und die dennoch nicht dasselbe machen, nicht vor den Pferden davonlaufen, wenn auch Pferd mit Pferd sich assoziiert. Also es muss zu der Sache noch etwas hinzukommen, wenn eine solche Veranlagung eintreten soll, dass man vor Pferden davonläuft, statt auszuweichen.

Da forschte Freud weiter nach, und es fand sich in diesem Fall ein sehr interessanter Zusammenhang. Dieser Zusammenhang bestand in Folgendem: Die betreffende Dame war in Verlobung stehend mit einem Herrn, aber sie liebte zwei. Von dem Herrn, mit dem sie in Verlobung stand, war sie vollkommen überzeugt, dass sie ihn mehr liebte als den anderen, aber sie liebte auch den anderen. Darüber war sie sich nicht ganz klar, aber so halb und halb, aber sie liebte eben auch den anderen. Der andere aber war der Mann ihrer besten Freundin, und diese Freundin war die Hausfrau, deren Abschiedssouper an jenem Abend gefeiert worden war. Also die Hausfrau, die etwas nervös war, reiste ab. Die Freundin war beim Abschiedssouper dabei, war weggegangen mit den anderen Gästen, rannte vor den Pferden davon.

Und als man nachforschte, so erfuhr man, dass früher bedeutungsvolle Zusammenkünfte zwischen dem anderen Herrn, also dem Mann ihrer besten Freundin, und dieser

Dame stattgefunden hatten. Das Liebesverhältnis hatte einige Dimensionen angenommen, die auch mit der «Nervosität» der Freundin zusammenhingen, wie man sich denken kann. Kurz und gut, die Dame ging mit den übrigen Gästen weg, rannte vor den Pferden auf der Straße davon, wurde «gerettet». Es war unter den gegebenen Verhältnissen das Selbstverständliche, dass die Gäste sie in das Haus zurückbrachten, von dem sie eben gekommen waren, wo sie das Abschiedssouper gegessen hatten.

Der Arzt forschte den ganzen Krankheitsfall nach und er brachte es dahin, dass ihm die Dame die Sache erzählte. Aber hier stockte sie, und nur mit Mühe konnte er sie veranlassen, den weiteren Fortgang zu erzählen. Da erzählte sie denn, da kam es heraus, dass die Hausfrau eben abgefahren war, dass der Mann allein zu Hause war – der Mann in dieser Situation, nachdem sie zurückgebracht worden war, nachdem sie wieder zu sich gekommen war und normal war –, und dass er ihr eine Liebeserklärung gemacht hatte.

Anderen Fällen ähnlicher Art ist Dr. Freud nachgegangen und nach seinen Forschungen hat sich ihm ergeben, dass solche Dinge immer dann eintreten, wenn irgendwie die Liebe im Spiel ist, wenn irgendetwas von Liebe dabei im Spiel ist, wenn dabei irgendetwas unter der Decke des Bewusstseins von irgendwelchen Liebesdingen schlummert. Freud war zu der Überzeugung gekommen: Man kann bei solchen hysterischen Leuten, die, wie man früher geglaubt hat, durch seelische Verwundungen in ihre Lage gekommen sind, man kann bei ihnen finden, wenn man in ihrem Leben nachforscht, dass von irgendeiner Seite her die Liebe ihr Spiel treiben muss – was auch immer für Verhältnisse vorliegen mögen, es können mancherlei Konstellationen dabei sein.

Wohlgemerkt, es braucht, und das sind die charakteristischsten Fälle, die bedeutungsvollsten Fälle, es braucht diese Liebesgeschichte dem betreffenden Patienten durchaus nicht zum Bewusstsein gekommen zu sein.

So war das fertig, was Freud seine Neurosetheorie nannte, seine Sexualtheorie nannte (s. Jung 1917, «Kapitel 2: Die Sexualtheorie»). Er fand in allen solchen Fällen, dass das Sexuelle in die Sache hineinspielt. Diese Dinge sind natürlich außerordentlich verführerisch. Erstens besteht in der Gegenwart überhaupt die Neigung, überall, wo man etwas Menschliches erklären will, das Sexuelle zu Hilfe zu rufen. Daher braucht es uns nicht zu wundern, dass ein Arzt, der in soundso vielen Fällen bei hysterischen Krankheitsformen die Liebe mit im Spiel findet, dass er eine solche Theorie aufstellt.

Auf der anderen Seite ist gerade dies der Punkt, meine lieben Freunde, wo die denkbar größte Gefahr beginnt, wo die analytische Psychologie ein Erkenntnisversuch mit unzulänglichen Mitteln ist. Die Sache wird deshalb so gefährlich, weil die Erkenntnissehnsucht ungeheuer verführerisch ist. Sie ist erstens verführerisch durch die Zeitumstände, dann aber auch dadurch, dass nachweisbar das sexuelle Verhältnis immer eine Rolle spielt.

Der Psychoanalytiker Jung (Carl Gustav Jung, 1875-1961), der das Buch *Die Psychologie der unbewussten Prozesse* geschrieben hat, der Jung in Zürich, der ist nicht der Meinung, dass man mit der Freud'schen Sexualtheorie, mit der Neurosetheorie auskommt, sondern er ist anderer Meinung. Jung hat bemerkt, dass Freud auch seine Gegner hat. Unter diesen Gegnern Freuds ist ein gewisser Adler (Alfred Adler, 1870-1937), der auf einem ganz anderen Standpunkt steht. Wie Freud eine große Anzahl von Fällen – Sie können das alles in seinem Buch nachlesen –, wie Freud eine große Anzahl von Fällen geprüft hat, überall das Sexuelle hat hineinspielen sehen und die Induktion gemacht hat, den Schluss gezogen hat: Also ist das Sexuelle die eigentlich auslösende Ursache, so hat sich Adler eine andere Seite der Sache besonders angesehen. Er hat gefunden, dass diese andere Seite wesentlich wichtiger ist als die, die Freud in den Vordergrund gestellt hat.

Adler fand – ich will nur im Allgemeinen charakterisieren –, dass ebenso wie das Sexuelle im Menschen eine dominierende Rolle spielt, auch ein anderer Trieb eine sehr dominierende Rolle spielt, das ist der Trieb, Macht zu bekommen über seine Umgebung, das ist überhaupt der Machttrieb. Der Wille zur Macht ist bei Nietzsche (Friedrich Nietzsche, 1844-1900) sogar ein philosophisches Prinzip.

Und geradeso wie Freud das Sexuelle zur Theorie gemacht hat, kann man auch für den Machttrieb unzählige Fälle zusammenstellen. Man braucht nur Hysterische zu analysieren: Man wird finden, dass die Fälle gar nicht so selten sind.

Nehmen wir an, eine Dame ist hysterisch, sie bekommt Krämpfe – besonders Herzkrämpfe sind in einem solchen Fall sehr beliebt –, und alle möglichen Zustände. Das ganze Haus, die ganze Umgebung, alles Mögliche wird in Bewegung gesetzt. Die Ärzte werden herbeigeschafft, die Kranke wird ungeheuer bedauert. Kurz, sie übt eine tyrannische Macht über ihre Umgebung aus. Ein vernünftiger Mensch weiß in solchen Fällen, dass einem solchen Menschen gar nichts fehlt in Wirklichkeit, obwohl er durchaus seines krankhaften Zustandes sich bewusst ist und darunter leidet. Aber es fehlt solchen Menschen in Wirklichkeit nichts, sie sind eigentlich gesund – und sie sind auch krank, wenn man so will. Man kann sie als gesund und man kann sie als krank auffassen. Sie fallen hin, wenn sie im Herzkrampf ohnmächtig werden, aber sie fallen in der Regel auf den Teppich, nicht daneben. Man kann solche Dinge sehr gut beobachten.

Was Machttrieb ist, das führt, ins Unbewusste hinuntergedrängt, besonders leicht zu hysterischen Zuständen. Und Adler hat vorzugsweise versucht, die Fälle, die ihm zu Gebote standen, nach diesem Machttrieb zu untersuchen. Er hat wiederum gefunden, dass überall, wo hysterische Fälle auftreten, nachgewiesen werden kann, dass der Machttrieb in irgendeiner Weise aufgestachelt und ins Krankhafte verzerrt worden ist.

Jung hat sich gesagt: Schließlich kann man dem Adler nicht unrecht geben: Das, was er beobachtet hat, ist da. Man kann aber auch dem Freud nicht unrecht geben: Das, was er beobachtet hat, ist auch da. Also wird es halt mal so, mal so sein (s. Jung 1917, S. 57).

Das ist auch ganz vernünftig, meine lieben Freunde: Es wird schon mal so, mal so sein! Aber jetzt baut Jung eine besondere Theorie darauf (s. Jung 1917, «Kapitel 4: Die zwei psychologischen Typen»). Diese Theorie ist nicht uninteressant, wenn man sie nicht bloß abstrakt als Theorie nimmt, sondern wenn man sie so betrachtet, dass man in ihr zugleich ein Wirken von Zeitimpulsen sieht, von dem, was in die Zeit hereinspielt – namentlich von der Erkenntnisohnmacht, von der Erkenntnisunzulänglichkeit unserer Zeit.

Jung sagt: Es gibt überhaupt zwei Menschentypen, zweierlei Menschen. Bei dem einen Menschentypus ist mehr das Fühlen ausgebildet, bei dem anderen mehr das Denken.

Es hat also wieder einmal ein großer Gelehrter, meine lieben Freunde, eine epochemachende Entdeckung gemacht, die jeder vernünftige Mensch in seiner nächsten Umgebung auf der Straße liegend immer machen kann. Denn, dass man die Menschen in Gefühlsmenschen und Gedankenmenschen einteilen kann, das liegt ziemlich auf der

Hand. Aber Gelehrsamkeit hat noch eine andere Aufgabe, sie darf die Dinge nicht so laienhaft betrachten, dass sie nur sagt: Unter den Menschen unserer Umgebung sind zwei Typen – Gefühlsmenschen und Verstandesmenschen –, sondern Gelehrsamkeit muss noch etwas anderes machen.

Gelehrsamkeit sagt in einem solchen Fall: Der eine fühlt sich in den anderen ein, er begibt sich aus sich selbst heraus zum Objekt; der andere zieht sich vom Objekt zurück, er hält davor an und denkt darüber nach. Der erste ist der «extrovertierte» Typus, der andere ist der «introvertierte» Typus. Der erste ist also der Gefühlsmensch, der zweite der Verstandesmensch. Also nicht wahr, es ist eine gelehrte Einteilung gemacht, scharfsinnig, geistreich, bis zu einem gewissen Grad der Wirklichkeit entsprechend. Das ist nicht abzuleugnen.

Jung sagt dann weiter: Der extrovertierte Typus, also derjenige, wo der Mensch vorzugsweise in Gefühlen lebt, bei dem bleiben sehr häufig die Verstandesbegriffe im Unbewussten stecken; er lebt in Gefühlen, und die Verstandesbegriffe bleiben im Unbewussten stecken. Und das, was er in seinem Bewusstsein hat, kommt in Kollision mit dem, was da unten im Unbewussten herumwimmelt als Verstandesbegriffe. Aus dieser Kollision können allerlei Zustände kommen. Solche Zustände werden vorzugsweise bei Menschen eintreten, die gefühlsmäßige Anlagen haben.

Dagegen bei den anderen, bei den Verstandesmenschen, die sich mehr mit dem Geist beschäftigen, bleiben die Gefühle im Untergrund, sie dringen ins Unbewusste, sie wimmeln im Unbewussten – und sie kommen in Kollision mit dem bewussten Leben. Das bewusste Leben kann sich nicht erklären, was da an es heranschlägt. Es sind die unbewussten Gefühle.

Und aus dem Umstand, dass der Mensch nie vollständig ist, sondern einmal der eine Typus, einmal der andere Typus ist, können solche Zustände entstehen, dass das Unbewusste gegen das Bewusste revoltiert. Und das kann sehr häufig zu hysterischen Zuständen führen.

Die Theorie Jungs ist nichts als eine Umschreibung des trivialen Urteils von den Gefühlsmenschen und Verstandesmenschen. Sie ist keine besondere Vertiefung des Tatbestandes. Aber aus all dem können wir ersehen, meine lieben Freunde, dass die Menschen der Gegenwart auf allerlei seelische Eigentümlichkeiten aufmerksam werden, dass ihnen diese seelischen Eigentümlichkeiten vor das Geistesauge treten. Sie befassen sich so damit, dass sie fragen: Was geht in einem Menschen vor, in dem solche Dinge auftreten?

Die Leute sind immerhin so weit, sich zu sagen: Physiologisch-anatomische Veränderungen sind es nicht. Also, über den bloßen Materialismus sind die Leute schon hinaus, den bloßen Materialismus geben sie nicht zu. Sie reden vom Seelischen. Es ist also ein Weg, auf dem die Leute suchen, aus dem bloßen Materialismus herauszukommen und das Seelische ins Auge zu fassen.

Es ist aber höchst eigentümlich, wenn man näher zusieht, wie die Erkenntnisunzulänglichkeit wirkt, wie der Erkenntnisversuch mit unzulänglichen Mitteln die Leute in merkwürdige Bahnen hineinführt. Nur muss ich ausdrücklich bemerken: Die Menschen sehen nicht, in was sie hineingetrieben werden – und ihre Anhänger, ihre Leser und Zeitgenossen sehen es auch nicht. Also die Sache hat, wenn man sie richtig betrachtet, eine sehr gefährliche Seite, weil so vieles dabei nicht gesehen wird, weil bei den Leuten die Theorien selbst im Unbewussten rumoren.

Es ist höchst eigentümlich: Sie rumoren im Unbewussten, diese Theorien. Die Leute stellen eine Theorie über das Unbewusste auf, aber ihre Theorie selbst rumort in ihrem Unbewussten. Jung betreibt die Sache als Arzt, und es ist bedeutsam, dass er sie von diesem seelisch-therapeutischen Gesichtspunkt aus behandelt. Zahlreiche Menschen arbeiten daran, die Sache in die Pädagogik überzuführen, sie pädagogisch anzuwenden. Also wir sehen, wir stehen hier nicht vor einer eingeschränkten Theorie, sondern vor dem Versuch, etwas zu einer Kulturerscheinung zu machen. Es ist sehr interessant, wie jemand, der wie Jung die Sache als Arzt behandelt, wie der, indem er allerlei Fälle beobachtet und auch behandelt, sogar scheinbar kuriert, wie der immer weitergetrieben wird.

Und so wird Jung zu Folgendem getrieben, er sagt sich: Man muss, wenn man solche abnormen Erscheinungen im

Seelenleben eines Menschen findet, in diesem Seelenleben des Menschen weitersuchen, vor allen Dingen suchen, inwiefern infantile, kindliche Ereignisse auf das Seelenleben dieses Menschen einen Eindruck gemacht haben und nachwirken. Das ist etwas, was man insbesondere auf diesem Gebiet sucht: infantile Nachwirkungen, Nachwirkungen aus der Kindheitszeit. Ich habe Ihnen das Beispiel mit dem Pferd angeführt, das in der psychoanalytischen Literatur eine große Rolle spielt.

Jung kommt aber darauf, dass bei den Krankheitsfällen diejenigen sehr zahlreich sind, bei denen es sich nicht nachweisen lässt, dass der Mensch als Individuum irgendetwas hat, auch wenn man bis in die früheste Kindheit zurückgeht. Wenn man alles ins Auge fasst, mit dem der Mensch in Berührung gekommen ist, findet man im Individuum, das man vor sich hat, keinen Konflikt, woraus sich die Sache erklären ließe.

Dadurch kommt Jung zu seiner Unterscheidung von zwei Unbewussten (Jung 1917, «Kapitel 5: Das persönliche und das überpersönliche Unbewusste»). Es gibt erstens das individuelle Unbewusste, das im Menschen drinsteckt, wenn auch nicht im Bewusstsein. Nicht wahr, wenn die Dame in der Kindheit aus dem Wagen gesprungen ist und einen Schock bekommen hat, so ist das längst entschwunden, ist nicht mehr im Bewusstsein, sondern es wirkt unbewusst.

Wenn man dieses Unbewusste nimmt – der Mensch hat unzähliges Unbewusstes in sich –, so bekommt man das persönliche oder individuelle Unbewusste. Das ist das erste Unbewusste, das Jung unterscheidet.

Das zweite ist aber das überpersönliche Unbewusste. Jung sagt sich: Es gibt auch solche Dinge, die ins Seelenleben hineinspielen, die nicht in der Persönlichkeit sind, die aber auch nicht in der materiellen Welt draußen sind, von denen also angenommen werden muss, dass sie in einer seelischen Welt vorhanden sind.

Er sagt sich: Es ist ein Mensch A da, der ist hysterisch. Ich forsche nach und finde: Es ist etwas in seiner Seele, was nicht individuell von ihm erlebt worden ist, was auch nicht von außen erlebt worden ist. Obwohl es nicht in die Kindheit zurückführt und auch nicht von außen erlebt und mit dem physischen Verstand erfasst worden ist, ist es ins seelische Reich gegangen. Es ist also nicht aus der materiellen Welt heraus, es ist aus einem Seelischen heraus.

Die Psychoanalyse geht darauf aus, solche Seeleninhalte zum Bewusstsein zu bringen. Das soll gerade die Therapie, die Heilmethode sein: die Sache zum Bewusstsein zu bringen. Also muss der Arzt darauf ausgehen, nicht nur das aus dem Kranken heraus zu erforschen, was der Kranke individuell erlebt hat, sondern auch allerlei anderes, was er gar nicht individuell erlebt hat und was auch nicht draußen in der Welt war, sondern seelischer Inhalt ist.

Dabei kommen die Psychoanalytiker darauf, dass sie sagen: Eigentlich hat der Mensch nicht nur das erlebt, was er selbst seit seiner Geburt erlebt hat, sondern er hat weiter zurück vor seiner Geburt alles Mögliche erlebt. Und das rumort jetzt in ihm. Ein Mensch, der heute geboren wird, erlebt also unbewusst auch die Sage von Ödipus. Nicht bloß lernt er die Sage von Ödipus in der Schule, diese Sage erlebt er in sich. Er erlebt die griechischen Götter, er erlebt die ganze Vergangenheit der Menschheit mit. Und das Schlimme besteht gerade darin, dass der Mensch dieses alles erlebt, aber es will nicht herauf ins Bewusstsein.

Der Psychoanalytiker muss sich also sagen, und bis zu diesem Grad geht er sogar: Das griechische Kind hat das auch erlebt, aber dem Griechen, dem hat man das erzählt. Er hat es also auch im Bewusstsein erlebt. Der heutige Mensch, der erlebt es, aber es rumort nur unbewusst in ihm – bei dem extrovertierten Menschen in den Gedanken, bei den introvertierten Menschen in den Gefühlen. Das rumort in dem Menschen drinnen, das rumort wie «Dämonen».

Denken wir uns, vor welcher Notwendigkeit der Psychoanalytiker steht, wenn er seiner Theorie treu ist. Er steht vor der Notwendigkeit, diese Dinge ernst zu nehmen und zu sagen: Wenn heute ein Mensch aufwächst und ihn das zur Krankheit führen kann, dass er eine Beziehung zu dem hat, was in ihm rumort und er von dieser Beziehung nichts weiß, so muss man ihm diese Beziehung bewusst machen, so muss man ihm erklären, dass es eine seelische Welt gibt, dass es darin Götter gibt, dass es darin verschiedene Götter gibt.

So weit kommt der Psychoanalytiker, dass er sagt (Jung 1917, «Kapitel 7: Die Dominanten des überpersönlichen Unbewussten»): Die menschliche Seele hat eine Beziehung zu den Göttern, aber die Krankheitsursache liegt darin, dass sie nichts weiß von dieser Beziehung. Der Psychoanalytiker sucht alle möglichen Auskunftsmittel, aber diese Auskunftsmittel sind manchmal grotesk.

Der Psychoanalytiker sagt das Folgende: Nehmen wir an, ein hysterisch Kranker kommt und zeigt diese oder jene hysterische Erscheinung, weil er Furcht vor einem Dämon hat, sagen wir vor einem Feuerdämon. Frühere Menschen haben an Feuerdämonen geglaubt, haben von Feuerdämonen Anschauungen gehabt, haben gewusst davon. Der jetzige Mensch hat auch eine Beziehung zu Feuerdämonen – das gibt der Psychoanalytiker zu –, aber eine solche Beziehung ist ihm nicht bewusst, man erklärt ihm nicht, dem heutigen Menschen, dass es Feuerdämonen gibt. Also wird das zur Krankheitsursache.

Jung versteigt sich sogar so weit, dass er sagt: Die Götter, zu denen man eine Beziehung hat, aber von der Beziehung nichts weiß, die rächen sich, die zürnen. Die rächen sich, und es kommt ihre Rache als Hysterie zum Vorschein. Er sagt also: Solch ein heutiger Mensch, der in seinem Unbewussten von einem Dämon malträtiert wird, der weiß nicht, dass es im Feuer Dämonen gibt. Ein Feuerdämon quält ihn, aber er kann keine Beziehung zu ihm kriegen, denn das ist für ihn Aberglaube. Das geht nicht.

Was tut denn ein armer moderner Mensch, der an der Sache krank wird? Er projiziert die Sache nach außen, das heißt, er sucht sich irgendeinen Freund aus, den er vorher ganz gern gehabt hat, und sagt sich: Der ist es, der mich verfolgt, der über mich schimpft. Er fühlt sich von ihm verfolgt. Das heißt, der betreffende Kranke hat einen Dämon, der ihn quält, und er projiziert ihn in einen anderen Menschen hinein. Oftmals besteht die Therapie, die die Psychoanalytiker anwenden, darin, dass sie die Sache auf sich ablenken. Da kommt es sehr häufig vor, dass die Patienten den Arzt zum Gott oder zum Teufel machen.

Wir sehen hier, meine lieben Freunde, die außerordentlich interessante Tatsache, dass der Arzt der Gegenwart dazu gedrängt wird, sich zu sagen: Die Menschen werden von Geistern gequält, und weil man ihnen keine Lehre von Geistern gibt, weil sie in ihrem Bewusstsein keine Lehre davon aufnehmen wollen, so werden sie zu Quälgeistern untereinander. Sie projizieren ihre Dämonen nach außen, reden einander allerlei dämonisches Zeug ein. Und wie radikal, wie verhängnisvoll der Psychoanalytiker das sieht, meine lieben Freunde, das mag Ihnen aus dem folgenden interessanten Fall hervorgehen, den Jung anführt.

Er sagt: Gewisse seiner Kollegen, die sagen, wenn einer solche Seelenenergien in sich hat, die von solchen Quälereien kommen, so muss man sie auf etwas ableiten. Also nehmen wir an – gehen wir wieder zurück auf einen Elementarfall der Psychoanalyse –, nehmen wir an, eine Patientin kommt. Ihre Krankheit rührt daher, wie man nach dem Abhören der psychoanalytischen Beichte findet, dass sie in früherer Zeit in jemanden verliebt war, den sie nicht gekriegt hat, und das ist in ihr geblieben. Es könnte auch ein Dämon sein, der sie quält, aber in den meisten Fällen, die die Ärzte beobachten, ist es so, dass sich irgendetwas in dem individuellen Unbewussten ereignet hat, das sie von dem überindividuellen Unbewussten unterscheiden.

Und das versucht der Arzt abzuleiten, indem er das, was unausgegorene Fantasie ist, ableiten will, überleiten will. Also er sagt: Wenn eine liebebedürftige Seele da ist, die den Ihren nicht gekriegt hat, so muss sie diese Liebesmenge, die sie nicht anwenden kann, im Samariterdienst anwenden. Sie muss diesen oder jenen Wohltätigkeitsanstalten vorstehen.

Das kann recht gut gemeint sein, aber Jung sagt selber: Diese Energie lässt sich nicht immer ableiten. Selbstverständlich, der gelehrte Herr muss wieder eine Auskunft finden, deshalb sagt er: Die Energien, die auf solche Weise in der Seele sitzen, die haben ein eigenes Gefälle. Dieses Gefälle kann man nicht dirigieren.

Ich habe nichts gegen solche Ausdrücke, ich möchte nur hervorheben, dass es häufig nichts anderes ist als eine Umschreibung dessen, was auch der Laie sagt, indem er sich natürlich ausdrückt. Jung erzählt einen Fall (Jung 1917, S. 70-72), der sehr interessant ist, der gut ausdrückt, wie das Gefälle nicht dirigiert werden kann.

> Ein Mann, ein Amerikaner, ein typischer Mensch der Gegenwart, ein Selfmademan, hat sich zum tüchtigen Leiter eines Geschäfts gemacht, hat sich mit Riesenkraft diesem Geschäft gewidmet. Er hat großen Erfolg, auch große Einkünfte gehabt. Jetzt denkt er: Demnächst werde ich 45 Jahre alt. Ich habe mich genug geplagt in meinem Leben, jetzt werde ich mir auch einmal Ruhe gönnen. Und er kauft sich einen Landsitz mit Autos, Tennisplätzen und allem, was dazu gehört. Er denkt also, mit 45 Jahren sein Geschäft zu verlassen, auf einen Landsitz hinauszuziehen und da zu leben, bloß die Tantiemen aus dem Geschäft zu beziehen.
>
> Aber siehe da, als er auf seinem Landsitz eine Zeit lang war, spielte er nicht Tennis, fuhr er nicht Auto, ging er nicht ins Theater, hatte er keine Freude an den Blumen, sondern er saß einsam in seinem Zimmer und brütete vor sich hin. Hier tat es ihm weh, da tat es ihm weh, alles tat ihm weh. Es

schmerzte ihn bald der Kopf, bald die Brust, bald die Beine. Also er konnte sich selber nicht mehr ausstehen, hörte auf zu lachen, war müde, abgespannt, immerfort mit Kopfschmerzen.

Es war schrecklich, aber es war für den Arzt keine Krankheit zu konstatieren. So ist es bei sehr vielen Menschen in der Gegenwart. Sie sind ganz gesund und sind doch krank, richtig gesund, aber doch krank. Eine Krankheit war also nicht da.

Der Arzt wusste schon nichts anderes, er sagte: Ja sehen Sie, die Geschichte ist seelisch – das sagen heute schon die Ärzte: Die Geschichte ist seelisch –, Sie sind seelisch krank. Sie haben sich den Geschäftsverhältnissen angepasst, da waren Sie drinnen. Ihre Energien können nicht gleich ein anderes Gefälle nehmen, sie haben ihr eigenes Gefälle, sie können nicht umdirigiert werden. Gehen Sie wiederum zurück in Ihr Geschäft, das ist das einzige Mittel, das ich weiß!

Das sieht er auch ein, der betreffende Herr. Aber siehe da, jetzt kann er auch im Geschäft nichts mehr leisten. Er ist untauglich, er ist jetzt drinnen genauso krank, wie er draußen auf seinem Landsitz war.

Daraus schließt Jung mit Recht: Man kann nicht so leicht die Energien von einem Gefälle auf ein anderes bringen. Selbst wenn man sie wieder zurückbringen will, geht es auch nicht. Der Betreffende war bei ihm in Behandlung. Wenn man in der Schweiz ist, kommen zu einem viele Menschen mit solchen Krankheiten oder Nicht-Krankheiten. Aber Jung konnte diesem Mann auch nicht helfen, diesem Amerikaner, weil es schon zu spät war. Es hatte die «Krankheit» schon zu stark um sich gegriffen, man hätte früher eingreifen müssen.

Diese Dinge zeigen, dass es auch mit der Therapie der Ableitung seine Schwierigkeiten hat. Jung führt dieses Beispiel selber an. Überall begegnet man Tatsachen, die von Bedeutung, von Wichtigkeit sind, die nur durch Geisteswissenschaft erkenntnismäßig zu bewältigen sind. Die Tatsachen sind da, sie fallen den Leuten auf. Die Fragen sind da, wir finden überall die Fragen, meine lieben Freunde. Denn das wird man schon entdecken, dass der Mensch ein kompliziertes Wesen ist, dass der Mensch nicht jenes einfache Wesen ist, von dem man sich durch die Wissenschaft des 19. Jahrhunderts eine illusionäre Vorstellung gemacht hat.

Der Psychoanalytiker von heute steht vor einer merkwürdigen Tatsache. Nehmen wir diese Tatsache, die für die heutige Wissenschaft unerklärlich ist. In der Anthroposophie werden wir mit den Mitteln, die Inhalt der Vorträge sind, leicht eine Erklärung finden. Wir können noch einmal auf diese Erscheinung zurückkommen.

Es kann vorkommen, dass jemand hysterisch blind wird (Jung 1917, S. 14), also nichts sieht, sodass die Blindheit eine hysterische Erscheinung ist, wie es solche gibt. Es gibt hysterisch Blinde, die sehen könnten, und doch nicht sehen. Sie sind seelisch blind. Es kann vorkommen, dass solche Menschen partiell geheilt werden, nur partiell geheilt werden. Sie fangen wieder an zu sehen, aber sie sehen nicht alles. Es kann der eigentümliche Fall eintreten, dass ein solch hysterisch Blinder sein Sehvermögen wieder bekommt, alles am Menschen sieht, nur nicht den Kopf. Solch ein partiell Geheilter geht also in den Straßen und sieht alle Menschen ohne Kopf. Das gibt es, das gibt es wirklich. Es gibt noch viel kuriosere Erscheinungen.

Das alles ist mit anthroposophisch orientierter Geisteswissenschaft zu bewältigen. In einem Vortrag, den ich hier im Laufe des vorigen Jahres gehalten habe, können wir die Erklärung für diese Erscheinung finden, dass man die Köpfe der Menschen nicht sieht.

Dem heutigen Psychoanalytiker liegen all diese Erscheinungen vor. So viel liegt ihm schon vor, dass er sich sagt: Es kann für den Menschen außergewöhnlich verhängnisvoll werden, wenn er eine Beziehung zu dem «überpersönlichen Unbewussten» hat. Aber um Gottes willen – «um Gottes willen» sagt der Psychoanalytiker nicht, aber vielleicht sagt er «um der Wissenschaft willen» – nur ja nicht Ernst machen mit der geistigen Welt! Nur das nicht!

Das geht den Leuten nicht ein, mit der geistigen Welt Ernst zu machen. Und da kommt etwas ganz Merkwürdiges zustande. Es wird von den Menschen nur nicht bemerkt, was für sonderbare Erscheinungen unter dem Einfluss solcher Dinge zustande kommen. Aus dem erwähnten Jung'schen Buch *Die Psychologie der unbewussten Prozesse,* das vor Kurzem erst erschienen ist, aus dem will ich Sie auf eine außerordentlich interessante Sache aufmerksam machen, aus der Sie sehen werden, wozu der Psychoanalytiker heute schon kommt. Ich muss da ein Stückchen vorlesen:[3]

> «Nach diesem Beispiel»

– das sind solche Beispiele, wo er zeigt, dass der Mensch nicht nur zu dem eine Beziehung hat, was in seinem individuellen Leben oder in der Gegenwart ist, sondern Beziehungen weit zurück zu allem möglichen Dämonischen, Göttlichen und Geisterhaften hat –,

> «Nach diesem Beispiel für die Entstehung neuer Ideen aus dem Schatze der urtümlichen Bilder»

---

3 *Die Psychologie der unbewussten Prozesse,* Ein Ueberblick über die moderne Theorie und Methode der analytischen Psychologie, von C. G. Jung (Zürich 1917), S. 90-91.

– also hier nennt er es nicht Götter, sondern «urtümliche Bilder» –,

> «wollen wir die weitere Darstellung des Uebertragungsprozesses wieder aufnehmen. Wir sahen, dass die Libido eben in jenen anscheinend ungereimten und absonderlichen Phantasien ihr neues Objekt ergriffen hat, nämlich die Inhalte des absoluten Unbewussten.»

Das «absolute Unbewusste» ist das überpersönliche, das nicht-persönliche Unbewusste.

> «Wie ich bereits sagte, ist die nicht eingesehene Projektion der urtümlichen Bilder auf den Arzt eine nicht zu unterschätzende Gefahr für die weitere Behandlung.»

Also, der Patient setzt seine Dämonen heraus, er projiziert sie auf den Arzt. Das ist eine Gefahr:

> «Die Bilder enthalten nämlich nicht nur alles Schönste und Grösste, das die Menschheit je dachte und fühlte, sondern auch jede schlimmste Schandtat und Teufelei, deren die Menschen je fähig waren.»

Denken Sie, so weit kommt Jung schon, dass er einsieht: Der Mensch hat in sich unbewusst neben dem Schönsten auch alle Schandtaten und Teufeleien, die die Menschheit je fähig war zu denken und zu fühlen. Also, nicht wahr, die Leute lassen sich nicht herbei, von «Luzifer» und «Ahriman» zu sprechen, aber zu einem solchen Satz versteht er sich:

> «Die Bilder enthalten nämlich nicht nur alles Schönste und Grösste, das die Menschheit je dachte und fühlte, sondern auch jede schlimmste Schandtat und Teufelei, deren die Menschen je fähig waren. Wenn nun der Patient die Persönlichkeit des Arztes von diesen Projektionen nicht unterscheiden kann, dann geht jede Verständigungsmöglichkeit verloren und die menschliche Beziehung wird unmöglich. Wenn aber der Patient diese Charybdis vermeidet, so fällt er in die Scylla der *Introjektion* dieser Bilder, d. h. er rechnet ihre Qualitäten nicht dem Arzte zu, sondern sich selber.»

Also, bei der Introjektion ist der Patient selber der Gott oder der Teufel.

> «Diese Gefahr ist ebenso schlimm. Bei der Projektion schwankt er zwischen einer überschwenglichen und krankhaften Verhimmelung und einer hasserfüllten Verachtung seines Arztes. Bei der Introjektion gerät er in eine lächerliche Selbstvergötterung oder moralische Selbstzerfleischung. Der Fehler, den er beide Male macht, besteht darin, dass er sich persönlich die Inhalte des absoluten Unbewussten zurechnet. So macht er sich selber zum Gott und zum Teufel. Hier liegt der

psychologische Grund, warum die Menschen immer der Dämonen bedurften und nie ohne Götter leben konnten, ausgenommen einige besonders kluge Specimina des homo occidentalis von gestern und vorgestern, Uebermenschen, deren Gott tot ist, weshalb sie selber zu Göttern werden, und zwar zu rationalistischen Duodezgöttern mit dickwandigen Schädeln und kalten Herzen.»

Der Psychoanalytiker kommt also dazu, zu sagen: Die Menschenseele ist so geartet, dass sie die Götter braucht, dass sie die Götter nötig hat, dass sie krank werden muss, wenn sie die Götter nicht hat. Deshalb hat sie immer die Götter gehabt. Die Menschen brauchen die Götter. Er spottet sogar darüber, der Psychoanalytiker, dass, wenn die Menschen die Götter nicht haben, sie selber zu Göttern werden müssen, aber nur zu rationalistischen Duodezgöttern mit dickwandigen Schädeln und kalten Herzen. Der Psychoanalytiker sagt weiter:

«Der Gottesbegriff ist nämlich eine schlechthin notwendige psychologische Funktion irrationeller Natur»

– Sie sehen: Weiter kann gar nicht gegangen werden, als auf naturwissenschaftliche Weise die Notwendigkeit des Gottesbegriffs darzustellen. Der Mensch muss den Gott haben – das weiß der Psychoanalytiker heute –, er braucht ihn. Aber ich habe den Satz nicht zu Ende gelesen, meine lieben Freunde. Lesen wir den Satz zu Ende:

Fortsetzung S. 45

Notizbucheintragung von R. Steiner

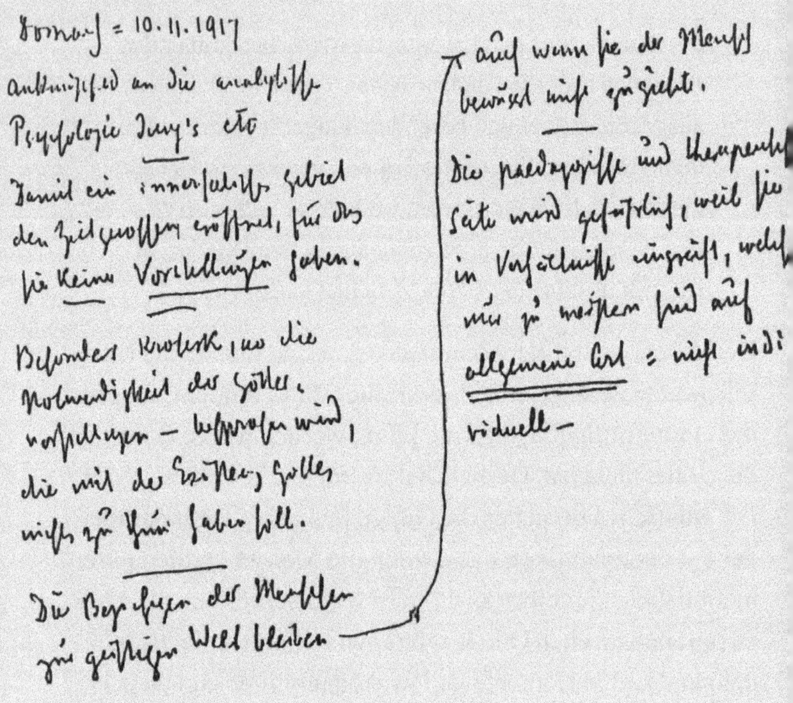

Dornach: 10.11.1917
Anknüpfend an die analytische
Psychologie Jung's etc.

Damit ein innerseelisches Gebiet den Zeitgenossen eröffnet, für das sie *keine Vorstellungen* haben.

Besonders k[g]rotesk, wo die Notwendigkeit der Götter-vorstellungen – besprochen wird, die mit der Existenz Gottes nichts zu thun haben soll.

Die Beziehungen der Menschen zur geistigen Welt bleiben auch wenn sie der Mensch bewusst nicht zugiebt.

Die pädagogische und therapeutische Seite wird gefährlich, weil sie in Verhältnisse eingreift, welche nur zu meistern sind auf <u>allgemeine Art</u> : nicht individuell –

> «Der Gottesbegriff ist nämlich eine schlechthin notwendige psychologische Funktion irrationeller Natur, die mit der Frage nach der Existenz Gottes überhaupt nichts zu tun hat.»

Also, meine lieben Freunde, hier stoßen wir, indem wir Vordersatz und Nachsatz zusammenlesen, auf das größte Dilemma der Gegenwart. Der Psychoanalytiker beweist einem, dass der Mensch krank wird, unbrauchbar wird, wenn er seinen Gott nicht hat. Aber diese Notwendigkeit hat mit der Existenz Gottes nichts zu tun. Und er fährt fort:

> «Denn diese letztere Frage»

– nämlich die Frage nach der Existenz Gottes –

> «gehört zu den dümmsten Fragen, die man stellen kann. Man weiss doch hinlänglich, dass man sich einen Gott nicht einmal denken kann, geschweige denn sich vorstellen, dass er wirklich existiere, so wenig wie man sich einen Vorgang denken kann, der nicht notwendig kausal bedingt wäre.»[4]

4 Von der 3. Auflage (1926) an – unter dem Titel *Das Unbewusste im normalen und kranken Seelenleben* – ist diese letzte Stelle auf S. 103 wie folgt geändert:

> «... die mit der Frage nach der Existenz Gottes überhaupt nichts zu tun hat. Denn diese letztere Frage kann der menschliche Intellekt niemals beantworten, noch weniger kann es irgend einen Gottesbeweis geben. Überdies ist ein solcher auch gänzlich überflüssig, denn die Idee eines übermächtigen, göttlichen Wesens ist

Hier stehen wir vor dem, wo wir die Dinge abfangen können. Die Dinge sind da, sie pochen an der Tür der Erkenntnis. Die Leute, die suchen, sind auch da. Sie erkennen die absolute Notwendigkeit des Göttlichen, aber sie betrachten das, was sie für absolute Notwendigkeit halten, wenn es als ernste Frage aufgeworfen wird, sie betrachten das als eine der «dümmsten Fragen», die aufgeworfen werden können.

Da haben wir einen der Punkte, meine lieben Freunde, wo wir aus dem heutigen Geistesleben heraus unmittelbar sehen können, woran man immer vorbeigeht. Diese Psychoanalytiker gehen als Seelenkenner oder als Seelenforscher weit über das hinaus, was die landläufige Universitätspsychiatrie bietet. Sie sind weit über das hinaus, was die Universitätspsychiatrie, die Universitätspsychologie bietet, und sie haben Recht, auf diese schreckliche sogenannte Wissenschaft herabzusehen. Aber man kann sie an einer solchen Stelle abfangen, wo man so recht sieht, welchen Dingen die gegenwärtige Menschheit gegenübersteht, indem sie der zeitgenössischen Wissenschaft gegenübersteht.

Das bemerken die Menschen nicht. Die Menschen wissen gar nicht, wie der heutige Autoritätsglaube ist. Niemals ist ein solcher Autoritätsglaube gewesen, wie er in der Gegenwart herrscht, und niemals ist er mehr unten im Unbewussten

---

überall vorhanden, wenn nicht bewusst, so doch unbewusst, denn sie ist ein Archetypus. Irgend etwas in unserer Seele ist von superiorer Gewalt – ist es nicht bewußt ein Gott, so ist es doch wenigstens der ‹Bauch›, wie *Paulus* sagt.»

gewesen als heute. Man muss immer wieder sagen: Was tut ihr denn, wenn ihr als Therapeuten hysterische Menschen behandelt? Ihr sucht einen unbewussten Inhalt, der nicht ins Bewusstsein geholt ist. Man findet bei den Psychotherapeuten solche unbewussten Inhalte in Hülle und Fülle.

Wenn man sie aus dem Unbewussten heraufhebt, dann kommt zum Bewusstsein etwas wie das, was uns jetzt zum Bewusstsein kommt, meine lieben Freunde: das, was in dem Unbewussten der modernen Ärzte und Patienten rumort. Dic ganzc Litcratur ist davon durchsctzt, cs ist übcrall drinnen, und wir sind täglich und stündlich dem ausgesetzt, das aufzunehmen. Und weil man nur mit der Geisteswissenschaft auf solche Dinge aufmerksam werden kann, nehmen so viele Menschen in ihr Unbewusstes diese Dinge auf, sie saugen sie ein und dann sind sie im Unbewussten drinnen.

Diese Psychoanalytiker haben wenigstens die Menschen darauf aufmerksam gemacht, dass Seelisches als Seelisches zu nehmen ist. Das tun sie. Aber überall sitzt ihnen der Teufel im Nacken: Sie kommen nicht heran an die geistige Wirklichkeit, und vor allen Dingen *wollen* sie nicht an die geistige Wirklichkeit herankommen. Daher findet man überall in der Gegenwart Vorder- und Nachsätze, die das Unglaublichste enthalten. Aber die Menschen haben in der Gegenwart nicht den Aufmerksamkeitsgrad, diese Dinge anzuschauen.

Natürlich, wer das Buch von Jung *Die Psychologie der unbewussten Prozesse* heute liest, der müsste unter den Tisch fallen, wenn er einen solchen Satz liest. Das tut aber der heutige Mensch nicht, weil bei dieser modernen Menschheit viel im Unbewussten liegt. Und weil diese Psychoanalytiker sehen, dass viel im Unbewussten liegt – denn das sehen sie –, deshalb sehen sie manche Dinge anders als andere Leute. Gleich in der Vorrede sagt der Jung etwas, was wieder im ersten Teil des Satzes nicht schlecht ist:[5]

> «Die psychologischen Vorgänge, welche den gegenwärtigen Krieg begleiten, vor allem die unglaubliche Verwilderung des allgemeinen Urteils, die gegenseitigen Verleumdungen, die ungeahnte Zerstörungswut, die unerhörte Lügenflut und die Unfähigkeit der Menschen, dem blutigen Dämon Einhalt zu tun, sind wie nichts geeignet, das Problem des unter der geordneten Bewusstseinswelt unruhig schlummernden chaotischen Unbewussten dem denkenden Menschen aufdringlich vor die Augen zu rücken. Dieser Krieg hat es dem Kulturmenschen unerbittlich gezeigt, dass er noch ein Barbar ist, und zugleich, was für eine eiserne Zuchtrute für ihn bereit liegt, wenn es ihm etwa noch einmal einfallen sollte, seinen Nachbarn für seine eigenen schlechten Eigenschaften verantwortlich zu machen. Die Psychologie des Einzelnen aber entspricht der Psychologie der Nationen.»

---

5 *Die Psychologie der unbewussten Prozesse,* Ein Ueberblick über die moderne Theorie und Methode der analytischen Psychologie, von C. G. Jung (Zürich 1917), S. 6-7.

Und jetzt kommt ein Nachsatz, mit dem man wieder nicht weiß, was man mit ihm anfangen soll:

> «Was die Nationen tun, tut auch jeder Einzelne, und so lang es der Einzelne tut, tut es auch die Nation. Nur die Veränderung der Einstellung des Einzelnen ist der Beginn zur Veränderung der Psychologie der Nation.»

Solche Sätze nebeneinander sind wieder so, dass sie zeigen, wie destruktiv sie auf das Denken wirken. Denn ich möchte Sie fragen, ob es einen Sinn hat, zu sagen: «Was die Natio nen tun, tut auch jeder Einzelne». Dann müsste es auch einen Sinn haben zu fragen: Könnte es der Einzelne auch tun, ohne dass es die Nationen tun? Nicht wahr, es ist ein absoluter Unsinn, solches zu sagen. Und dieser Unsinn ist es, der heute selbst bei hervorragenden Geistern überwältigend wirkt, meine lieben Freunde. Er wirkt überwältigend.

Und diese Sache, in der ein solch destruktives Denken wirkt, soll nicht nur Therapie sein, sie soll auch pädagogisch leiten. Es liegt die berechtigte Sehnsucht zugrunde, in die Pädagogik ein neues seelisch-spirituelles Element hineinzutragen. Soll aber das hineingetragen werden, was mit ganz unzulänglichen Erkenntnismitteln gefunden wird? Das sind die wichtigen Fragen heutzutage.

Wir werden morgen vom Standpunkt anthroposophischer Orientierung auf die Sache zurückkommen, die Sache aus einem größeren Horizont beleuchten. Wir werden dann sehen, meine lieben Freunde, wie man die Sache viel, viel größer anfangen muss, wenn man überhaupt mit diesen Dingen zurechtkommen will. Aber man muss sie auch konkret anfangen. Man muss vor allen Dingen solche Probleme, die man mit den alten unzulänglichen Erkenntnismitteln angeht, die muss man in das Licht anthroposophischer Erkenntnis rücken.

Nehmen wir das Problem Nietzsche. Wir wollen heute das Problem Nietzsche nur andeuten, wir werden morgen einem solchen Problem nähertreten. Wir wissen aus den verflossenen Vorträgen: Von 1841 bis 1879 ist ein Geisteskampf oben; von 1879 an sind die gestürzten Geister unten im Reich der Menschen. Solche Dinge werden in künftigen Zeiten eine wichtige Rolle spielen müssen, wenn man das Leben der Menschen betrachtet.

Nietzsche ist 1844 geboren. Gerade bevor sie auf die Erde herunterstieg, ist seine Seele drei Jahre oben im Reich der Geister im Geisterkampf gewesen. 1844 ist er geboren. Er ist ein Knabe, als Schopenhauer (Arthur Schopenhauer, 1788-1860) noch lebt. Schopenhauer stirbt 1860. Erst nachdem Schopenhauer gestorben ist, widmet sich Nietzsche der Lektüre der Schopenhauer'schen Schriften. Da wirkt die Seele Schopenhauers mit, die oben in den geistigen Reichen ist.

Das ist ein reales Verhältnis: Nietzsche liest Schopenhauer, aber Schopenhauer wirkt von oben in den Gedanken Nietzsches, die die Schopenhauer'schen Schriften aufnehmen. Aber in welcher Lage ist Schopenhauer da oben?

Schopenhauer ist da oben, meine lieben Freunde, von 1860 bis in die ganzen Jahre hinein, wo Nietzsche seinen Schopenhauer liest, während der Kampf der Geister oben ausgefochten wird. Was also Schopenhauer Nietzsche eininspiriert, das nimmt er selber im Zusammenhang mit dem Kampf der Geister auf, in den er hineinversetzt ist.

1879 werden diese Geister vom Himmel auf die Erde heruntergestürzt. Bis 1879 sehen wir Nietzsches Geistesgang sehr merkwürdige Bahnen gehen. Man wird sie künftig aus dem Einfluss von Schopenhauer und von Wagner (Richard Wagner, 1813-1883) erklären. Sie finden in meiner Schrift *Friedrich Nietzsche, ein Kämpfer gegen seine Zeit* (1895) manche Anhaltspunkte dafür. Wagners Einfluss war bis dahin nicht anders, als dass er auf der Erde wirkte. Denn Wagner ist 1813 geboren – 1841 hat erst der Geisterkampf angefangen –, und stirbt 1883. Nietzsches Gang nimmt dann eine merkwürdige Richtung, als der Einfluss Wagners beginnt. Aber Wagner kommt in die geistige Welt 1883, als der Geisteskampf oben schon vorbei ist, als die Geister schon vom Himmel auf die Erde gestürzt sind. Nietzsche steht darin, als die Geister hier auf der Erde herumgehen. Wagner lebt oben, nachdem sie heruntergestürzt sind.

Der Einfluss Wagners auf Nietzsche post mortem (nach dem Tod) zeigt eine ganz andere Aufgabe. Er ist nicht so wie der Einfluss Schopenhauers auf Nietzsche. Hier beginnen die konkreten «überpersönlichen» Einflüsse, nicht jene abstrakt-dämonischen, von denen die Psychoanalyse spricht. Die Menschheit wird sich entschließen müssen, in die konkrete geistige Welt einzutreten, die Dinge aufzufassen, die auf der Hand liegen, wenn man die Tatsachen nur prüft.

Man wird künftig eine Biografie Nietzsches danach schreiben, dass er von jenem Richard Wagner angeregt war, der 1813 geboren ist, der all das mitgemacht hat, was zu dem glänzenden Wesen führte, das ich charakterisiert habe – bis 1879. Nietzsche hatte von seinem 16. Lebensjahr ab den Einfluss Schopenhauers, aber Schopenhauer hat den Geisteskampf mitgemacht in der geistigen Welt oben vor dem Jahr 1879. Er ist dem Einfluss Wagners ausgesetzt worden, nachdem Wagner post mortem in die geistige Welt hineingeführt worden war, und er unten war, wo die Geister der Finsternis walteten.

Jung findet (Jung 1917, «Kapitel 3: Der andere Gesichtspunkt. Der Wille zur Macht»), dass es eine Tatsache ist, dass Nietzsche auch einen Dämon in sich findet. Er projiziert ihn nach außen, auf Wagner. «Projektionen» – «Gefälle» – «introvertierte» und «extrovertierte» Menschentypen – alles Worte für Abstraktionen, aber nichts von Wirklichkeiten. Die Dinge sind bedeutungsvoll, meine lieben Freunde. Und es ist nicht so, dass man bloß für eine Weltanschauung agitieren will, für die man eingenommen ist, sondern gerade das, was außerhalb dieser Weltanschauung da ist, das zeigt, wie notwendig diese Weltanschauung der gegenwärtigen Menschheit ist.

Davon dann morgen weiter.

Zweiter Vortrag

Psychoanalyse und Anthroposophie

Dornach, 11. November 1917

Meine lieben Freunde!

Einen Versuch, auf seelischem Gebiet mit unzulänglichen Erkenntnismitteln Erkenntnisse zu gewinnen – so habe ich gestern das bezeichnet, was als analytische Psychologie oder Psychoanalyse auftritt. Es ist vielleicht nichts so sehr wie diese Psychoanalyse geeignet, darauf hinzuweisen, wie in unserer Gegenwart alles dazu drängt, die anthroposophisch orientierte Geisteswissenschaft zu bekommen, und wie auf der anderen Seite die Menschen sich aus unbewussten Vorurteilen heraus sträuben, in eine geisteswissenschaftliche Betrachtung der Dinge einzutreten.

Wir haben gestern wieder eine solche Sache vorgeführt, aus der man sehen kann, wie man die grotesken Sprünge, in die das Denken der modernen Gelehrsamkeit hineinkommt, wenn es sich an seelische Probleme wagt, wie man solche Sprünge in den Gedankengängen der modernen Gelehrten abfangen kann. Wir haben darauf hingewiesen, dass einer der besseren Psychoanalytiker zu der Einteilung in mehr denkende und mehr fühlende Menschen gekommen ist und dann von da ausgehend beim denkenden Menschen im Unbewussten Gefühlsimpulse vermutet, die gegen das im Bewusstsein anwesende Denken heraufstürmen und dadurch seelische Konflikte herbeiführen – und umgekehrt beim fühlenden Menschen, dass bei ihm Gedanken, die im Unbewussten sind, gegen das bewusste Gefühlsleben stürmen und seelische Konflikte hervorrufen.

Da könnte man sagen: Diese Dinge werden innerhalb der wissenschaftlichen Diskussionen ausgefochten, und man kann abwarten, bis sich die Leute dazu bequemen, die Vorurteile gegen anthroposophisch orientierte Geisteswissenschaft zu überwinden. Aber ein solch passives Abwarten geht dann schwer, wenn sich solche Dinge nicht bloß auf dem theoretischen Gebiet bewegen, sondern wenn solche Dinge in das praktische Leben, in die Kulturentwicklung eingreifen wollen.

Und es will sich die Psychoanalyse nicht nur auf dem Gebiet der Therapie betätigen, was vielleicht weniger bedenklich wäre, weil sie sich nicht allzu viel zu unterscheiden scheint – aber ich sage: scheint – von manchen anderen therapeutischen Methoden. Sie will sich auch auf dem Gebiet des pädagogischen Wirkens betätigen, sie will die Grundlage eines pädagogischen Wirkens werden. Und da kommt man in die Notwendigkeit, stärker auf die Gefahren hinzuweisen, die in Viertelwahrheiten liegen, als das der Fall ist innerhalb einer bloß theoretischen Diskussion.

Wir werden heute unser Betrachtungstableau weiter ausdehnen müssen, wenn wir wenigstens auf den einen oder anderen Punkt einiges Licht werfen wollen. Denn alles Mögliche, was sich auf die Sache bezieht, kann nur im Laufe der Zeit besprochen werden.

Zunächst möchte ich darauf aufmerksam machen, dass die Tatsachen, die der Psychoanalyse vorliegen, geeignet sind, auf ein wichtiges Gebiet hinzuweisen, das der gegenwärtige Mensch nicht betreten will – wenigstens nicht genau, nicht exakt betreten will –, auf ein Gebiet, das er sehr gerne in allerlei unbewussten, nebulosen Regionen lassen will. Denn nichts liebt die auf solchem Gebiet vom Materialismus angekränkelte Betrachtungsweise der Gegenwart mehr als ein unklares, mystisches Herumschwimmen in allerlei nicht ausgearbeiteten Begriffen. Man findet die groteskeste Mystik, die abstoßendste Mystik gerade innerhalb des Materialismus, wenn «Mystik» in dem Sinne gebraucht wird, dass man in allerlei nebulosen Begriffen herumschwimmt und seine Weltanschauung nicht bis zu klaren, scharf konturierten Begriffen ausarbeiten will.

Das Gebiet, auf das die Seelentatsachen die Psychoanalytiker drängen, ist das Gebiet des unbewussten Verstandes- oder Vernunftwirkens. Oft habe ich die Dinge nur herangezogen, nicht ausführlich behandelt, weil für den Geisteswissenschaftler selbstverständlich ist, was da zu sagen ist. Oft habe ich aber darauf aufmerksam gemacht, dass vernünftiges, verständiges Wirken, Klugheit, nicht bloß im menschlichen Bewusstsein vorhanden ist, sondern dass wir überall von wirksamer Verstandestätigkeit umgeben sind, wie wir von der Luft umgeben sind. Ganz eingesponnen ist der Mensch in wirksame Verstandestätigkeit, und das sind alle anderen Wesen auch. Die Tatsachen, die dem Psychoanalytiker vorliegen, könnten ihn sehr leicht darauf hinweisen.

Ich habe gestern den Fall angeführt, den Jung erzählt in seinem Buch *Die Psychologie der unbewussten Prozesse,* der sich auf die Dame bezieht, die aus einer Abendgesellschaft mit anderen Genossen weggeht, die vor den Pferden auf der Straße herläuft bis zu einer Brücke, dann von Passanten gerettet und wieder in das Haus zurückgebracht wird, von dem sie gekommen ist, wo ihr dann der Hausherr eine Liebeserklärung macht. Wenn man sich auf den Standpunkt von Freud oder von Adler stellt, nimmt man, um eine solche Sache zu erklären, entweder den Liebestrieb oder den Machttrieb zu Hilfe. Aber man trifft damit nicht das Durchgreifende, das Fundamentale der Sache.

Das Fundamentale der Sache trifft man nur, wenn man sich zu der Einsicht entschließt, dass die Klugheit, dass die Gescheitheit, aber auch das Raffinement, sich nicht in dem erschöpft, was im Bewusstsein des Menschen als Verstand wirkt – wenn man die Lebensgrenze nicht beengt, nicht begrenzt auf die Bewusstseinsgrenze.

Es kann die Frage aufgeworfen werden: Was wollte die Dame eigentlich, nachdem sie die Abendgesellschaft mitgemacht hatte, nachdem die Freundin «glücklicherweise» ins Bad geschickt worden war, was wollte die Dame eigentlich? Die Dame wollte eine Gelegenheit zu dem haben, was dann auch gekommen ist: mit dem Hausherrn allein zu sein. Sie wollte eine Gelegenheit herbeiführen, mit dem Hausherrn allein zu sein. Mit all dem, was im Bewusstsein lebt, was man sich gesteht, was man zugibt, mit alldem ging das an jenem Abend nicht. Es ging nicht, es wäre nicht anständig gewesen, nicht wahr? Es handelte sich darum, irgendetwas zustande zu bringen, was man sich nicht ein zugestehen braucht.

Auf die richtige Erklärung gerade dieser Tatsache wird man viel eher kommen, wenn man den in diesem Fall unterbewusst bleibenden raffinierten Verstand der Dame zu Hilfe nimmt, dessen sie sich nicht bewusst ist. Durch die ganze Abendgesellschaft hindurch wollte sie mit dem Hausherrn zusammenkommen, sie wollte das herbeiführen. Wie man, wenn man weniger gescheit ist, zu gewöhnlichen Mitteln greift, wenn man gescheiter ist, es gescheiter einrichtet, um es herbeizuführen, so kann in diesem Fall gesagt werden: In dem gewöhnlichen Bewusstsein der Dame, wo Begriffe von dem eingestanden werden, was anständig oder nicht anständig ist, erlaubt oder nicht erlaubt ist, da ging es nicht, gewöhnliche Mittel zu wählen, um das Zusammensein herbeizuführen. Aber in dem, was unter der gewöhnlichen Bewusstseinsschicht liegt, da wirkt der Gedanke: Ich muss mit dem Mann zusammenkommen! Die nächste Gelegenheit, die sich mir auf der Straße bietet, muss ich dazu verwenden, um die Gelegenheit herbeizuführen, in das Haus zurückzukommen!

Hätte sich nicht die Gelegenheit mit den Pferden geboten, die außerdem noch durch die frühere Assoziation mit dem Pferdeunglück unterstützt war, so hätte sie halt eine andere Gelegenheit gefunden. Die Dame hätte nur ohnmächtig zu werden brauchen. Man kann mit einer gewissen Sicherheit sagen: Sie wäre ohnmächtig geworden, wenn sich nicht der Ausweg der heranrückenden Droschke gefunden hätte. Sie wäre auf der Straße ohnmächtig hingefallen und man hätte sie dann in das Haus zurückgebracht. Oder, wenn sie nicht ohnmächtig geworden wäre, hätte sich ein anderes Mittel gefunden. Das Unterbewusstsein sieht über alle Bedenken hinweg, über die das Oberbewusstsein nicht hinwegsieht. Das Unterbewusstsein stellt sich auf den Standpunkt: Wer den Zweck haben will, muss auch die Mittel wählen, ganz gleichgültig, wie es sich mit den Begriffen von Anstand oder Nichtanstand verhält!

Also man wird in einem solchen Fall, meine lieben Freunde, auf das verwiesen, was Nietzsche, der von solchen Dingen manches geahnt hat, «die große Vernunft» gegenüber der kleinen Vernunft nennt – die umfassende Vernunft, die nicht zum Bewusstsein kommt, die unter der Schwelle des Bewusstseins wirkt und durch die die Menschen das

Mannigfaltigste tun, was sie sich in ihrem Bewusstsein nicht eingestehen. Durch das gewöhnliche Bewusstsein, durch das äußere Bewusstsein steht der Mensch im Zusammenhang mit der ganzen physischen Welt, also auch mit all dem, was in der physischen Welt lebt. Das sind vor allen Dingen die Begriffe von Anstand, von bürgerlicher Moral und so weiter. Das gehört alles zur physischen Welt. Mit dem gewöhnlichen Bewusstsein ist der Mensch da.

Im Unterbewusstsein hängt der Mensch aber mit einer ganz anderen Welt zusammen, mit der Welt, von der Jung sagt: Die Seele bedarf ihrer, weil sie im Zusammenhang mit dieser Welt steht, von der er aber auch sagt: Es ist töricht, nach ihrer Existenz zu fragen. Sobald die Schwelle des Bewusstseins überschritten ist, ist der Mensch mit seiner Seele nicht in einem bloß materiellen Zusammenhang drinnen, sondern in einem Zusammenhang, in dem Gedanken walten, die sehr raffiniert sein können.

Meine lieben Freunde! Jung sieht ganz recht, wenn er sagt, dass der Mensch der Gegenwart, der sogenannte Kulturmensch der Gegenwart, es ganz besonders nötig hat, auf solche Dinge aufmerksam zu werden. Denn diese sogenannte Gegenwartskultur hat die Eigentümlichkeit, dass sie zahlreiche Impulse ins «Unbewusste» hinunterdrängt, die dann aber in einer solchen Art sich geltend machen, dass irrationale Handlungen zustande kommen, dass ein ganz irrationales Verhalten des Menschen zustande kommt.

Wenn vom Machttrieb oder vom Liebestrieb gesprochen wird, so rührt das nur daher, dass in dem Augenblick, wo der Mensch mit seiner Seele in die unterbewussten Regionen eintritt, er den Regionen näherkommt, in denen diese Triebe walten. Nicht diese Triebe sind die Ursache, sondern die Ursache ist, dass der Mensch mit seiner unterbewussten Vernunft in die Regionen untertaucht, in denen diese Triebe wirksam sind.

Für eine Angelegenheit, die sie weniger als ihr Liebesverhältnis zu dem Mann interessiert hätte, hätte sich die Dame nicht der Strapaze unterzogen, ihre unterbewusste Schlauheit walten zu lassen. Es bedurfte dazu dieses besonderen Interesses. Und dass oft das Liebesinteresse eine Rolle spielt, das rührt nur daher, dass das Liebesinteresse ein sehr verbreitetes ist.

Aber, meine lieben Freunde, wenn die Psychoanalytiker ihr Augenmerk mehr auf andere Gebiete richten würden, nicht nur auf die psychoanalytischen Sanatorien, wo die Mehrzahl weibliche Insassen sind – man wirft das auch den anthroposophischen Veranstaltungen vor, aber mit mehr Recht könnte man das solchen Anstalten vorwerfen –, wenn man aufseiten der psychoanalytischen Forscher mehr auf anderen Gebieten bewandert wäre, wenn es in den Sanatorien mehr Insassen aus anderen Lebensgebieten gäbe, so könnte man ein weitergehendes Erkennen erzielen.

Nehmen wir an, es würde ein Sanatorium eingerichtet, in dem man speziell zur psychiatrischen Behandlung Leute unterbringt, die beim Börsenspiel nervös oder hysterisch geworden sind. Da würde man mit demselben Recht, mit dem von Freud die Liebe in die unbewussten Regionen eingeführt worden ist, da würde man ganz andere Dinge einführen können. Da würde man sehen, mit welch raffinierten unterbewussten Vorstellungen derjenige arbeitet, der ein Börsenspieler ist. Da würde dann durch die Ausschließungsmethode die geschlechtliche Liebe keine besondere Rolle spielen. Man könnte das Walten des unterbewussten Raffinements, der unterbewussten Schlauheit in höchstem Maße studieren. Auch der Machttrieb wäre dann nicht immer das, was man ansprechen kann, sondern da würden noch ganz andere Triebe infrage kommen, die in den unterbewussten Regionen walten, in die man sich einsenkt mit der Seele, wenn man in das Unterbewusste kommt.

Und wenn man ein Sanatorium für hysterisch gewordene Gelehrte einrichten würde, dann würde man auch unter dem, was unterbewusst wirkt, wenig gerade auf den Liebestrieb zurückführen können. Denn derjenige, dem die Tatsachen auf diesem Gebiet bekannt sind, der weiß, dass Gelehrte unter den heutigen Verhältnissen sehr wenig durch die Liebe zu ihrer Wissenschaft getrieben werden, sondern durch ganz andere Triebe, die dann sich zeigen würden, wenn sie psychoanalytisch an die Oberfläche geführt würden.

Das aber, was das Umfassende ist, das ist, dass die Seele aus den bewussten Regionen in die unterbewussten

Regionen hinuntergeführt wird und in diesen weilt, ohne dass der Mensch sie meistern kann, weil er nur das meistern kann, was in seinem Bewusstsein ist.

Wiederum eine recht unbequeme Wahrheit, meine lieben Freunde! Denn selbstverständlich muss man dann in noch weit größerem Maße zugeben, als von den Psychoanalytikern zugegeben wird, dass der Mensch in seinen unterbewussten Regionen ein recht schlaues Wesen ist, viel schlauer, als er in seinem gewöhnlichen Bewusstsein ist.

Auch auf diesem Gebiet kann man gerade mit der gewöhnlichen Wissenschaft sonderbare Erfahrungen machen, meine lieben Freunde. Und ein Kapitel über diese Erfahrungen können Sie lesen in dem 2. Kapitel, das in meinem jetzigen Buch *Von Seelenrätseln,*[6] das demnächst erscheint, verzeichnet ist, wo ich mich mit dem beschäftige, was das akademische Individuum Max Dessoir (1867-1947) in seinem Buch *Vom Jenseits der Seele*[7] über Anthroposophie sich geleistet hat. Dieses 2. Kapitel meines Buches *Von Seelenrätseln* wird ein hübscher Beitrag dazu sein können, wenn denkende Menschen heute sich ein Urteil über die Gelehrtenmoral der Gegenwart bilden wollen. Sie werden sehen, wenn Sie dieses Kapitel lesen, mit was für Gegnerschaften man

---

6 *Von Seelenrätseln,* I. Anthropologie und Anthroposophie, II. Max Dessoir über Anthroposophie, III. Franz Brentano (ein Nachruf), von Rudolf Steiner (Berlin 1917).

7 *Vom Jenseits der Seele,* Die Geheimwissenschaften in kritischer Betrachtung, von Max Dessoir (Stuttgart 1917).

es zu tun hat. Ich will von den Gesichtspunkten, die dort angegeben sind, nur ein paar erwähnen, die nicht ganz unzusammenhängend mit dem Thema des heutigen Tages sind.

Dieser Mann findet allerlei einzuwenden gegen das und jenes, und beruft sich immer auf Stellen, die er aus meinen Büchern vorbringt. In einem netten Zusammenhang erzählt er auch, wie ich aufeinanderfolgende Kulturperioden unterscheide: die urindische, die urpersische, die ägyptisch-chaldäische, die griechisch-lateinische – und wir leben jetzt nach Steiner in der sechsten Periode, schreibt er.

Diese Sache weist einen in die Notwendigkeit, schulmeisterlich widerlegen zu müssen, denn es zeigt einem den Weg, auf dem man solch einem Individuum zu Leibe rücken muss. Wie kommt in all seinem sonstigen Unsinnsgestrüpp dieser Max Dessoir dazu, zu sagen, ich hätte behauptet, wir leben jetzt in der 6. nachatlantischen Kulturperiode? Man kann es leicht nachweisen, wenn man einige Übung in der Handhabung der philologischen Methode hat. Ich war sechseinhalb Jahre am Weimarischen Goethe-Archiv und kenne ein wenig die Handhabung der philologischen Methode. Ich kann leicht nach philologischer Methode nachweisen, wie Dessoir darauf kommt, mir diese 6. Kulturperiode unterzuschieben. Er hat mein Buch *Die Geheimwissenschaft* (1910) gelesen. In diesem Buch steht ein Satz, der spricht von der Vorbereitung der 5. nachatlantischen Kulturperiode, der gegenwärtigen. Da sage ich, dass sich die Dinge langsam vorbereiten. In diesem Abschnitt schreibe ich (*Die Geheimwissenschaft im Umriss,* 1913, S. 282):

> «Im vierten, fünften und sechsten Jahrhundert n. Chr. bereitete sich in Europa ein Kulturzeitalter vor, in welchem die Gegenwart noch lebt. Es sollte das vierte, das griechisch-lateinische allmählich ablösen. Es ist das fünfte nach-atlantische Kulturzeitalter.»

Es haben sich also im 4., 5. und 6. Jahrhundert die Dinge vorbereitet, die dann im 14., 15. Jahrhundert herausgekommen sind. Ich schreibe: «Im vierten, fünften und sechsten Jahrhundert» in einer Zeile, und nach 4 oder 5 Zeilen steht, dass dann dieses sechste Jahrhundert die Vorbereitung war für «das fünfte nach-atlantische Kulturzeitalter». Dessoir liest so, wie das ihm eigen ist, oberflächlich. Er sieht dann, wie das bei manchen Gelehrten üblich ist, rasch die Stelle nach, die er sich mit rotem oder auch mit anderem Bleistift an den Rand notiert hat, und als er mein Buch *Die Geheimwissenschaft* bespricht, verwechselt er das, was 5 Zeilen später steht, die nachatlantische Kulturperiode, mit dem, was über das 4., 5., und 6. Jahrhundert steht. Und da schreibt er (S. 259): «Wir stehen in der sechsten Periode», weil er den Blick 4 Zeilen weiter heraufrückte.[8]

8 In der 1918 erschienenen Ausgabe seines Buches *Vom Jenseits der Seele* erwidert Dessoir auf Rudolf Steiners Richtigstellungen u. a. das Folgende («Vorwort zur zweiten Auflage», S. XI):

> «Ich ersuche den Leser nachdrücklich, meinen Satz solcherart zu erweitern, und ich bitte ihn ferner auf das dringendste, davon Kenntnis

Also wir sehen, mit welch grandioser Oberflächlichkeit solch ein Individuum arbeitet. Hier haben wir ein Beispiel, wo man direkt philologisch solche Gelehrsamkeit abfangen kann. Solcherlei Fehler durchziehen das ganze Kapitel dieses Machwerks. Und während Dessoir behauptet, dass er eine ganze Reihe von Schriften von mir studiert hat, könnte ich wiederum philologisch nachweisen, worin diese ganze Reihe von Schriften besteht. Er hat gelesen und ganz wenig verstanden *Die Philosophie der Freiheit* (1894). Da formuliert er einen Satz, der einfach ein Unsinn ist. Dann aber hat er gelesen *Die Geheimwissenschaft* – so aber gelesen, dass solcherlei Zeug herauskommt, wie ich eben charakterisiert habe. Dann hat er noch gelesen die Schrift *Die Geistige Führung des Menschen und der Menschheit* (1911), die kleine Schrift über *Reinkarnation und Karma* (1903), und *Blut ist ein ganz besonderer Saft* (1907). Das ist alles, was er von mir gelesen hat. Das kann man nachweisen aus dem Aufsatz, den er geschrieben hat. Sonst hat er nichts gelesen.

Das ist Gelehrtenmoral der Gegenwart, meine lieben Freunde! Wichtig ist es, einmal bei einer solchen Sache die Gelehrsamkeit der Gegenwart abzufangen – aus dem Grund, weil diesem Gelehrten aus der Zahl meiner Bücher

---

zu nehmen, daß er nicht etwa im sechsten, sondern im fünften ‹nach-atlantischen› Kulturzeitalter lebt. Mir aber möge er glauben, daß ich mich über das Versehen in der Zahlenangabe (auf S. 259) nicht allzusehr gräme, denn für mich sind diese nach-atlantischen Perioden wie jene Nahrungsprozesse der planetarischen Urform eitel Dunst.»

diese kleine Zahl vorliegt, die ich eben genannt habe. Darauf gründet er seine ganze Darstellung, außerdem mit einem ganz korrupten Denken. So aber machen es zahlreiche Gelehrte der Gegenwart überhaupt. Es liegen ihnen nicht, wenn sie zum Beispiel über Tiere sprechen, genügend Unterlagen vor, sondern ungefähr so viel aus dem Leben der Tiere, wie dem Dessoir aus meinen Schriften vorliegt.[9]

---

9 Es ist fraglich, ob Rudolf Steiner hier so ausführlich über Max Dessoir gesprochen und seine Ausführungen als «Abschweifung» (s. S. 67) bezeichnet hat. Daher wird ein Teil als Fußnote angeführt:

«Man könnte ein hübsches Kapitel formen, wenn man das Unterbewusste bei Max Dessoir ins Auge fassen würde. Allein, meine lieben Freunde: Der Dessoir, der gibt selbst an einer besonderen Stelle seines Buches einem eine Gelegenheit, auf sein Unterbewusstsein ein wenig Rücksicht zu nehmen. Er erzählt groteskerweise, dass es ihm manchmal passiert, wenn er zu einer Versammlung spricht, dass er plötzlich merkt: Ohne dass seine Seele dabei ist, wirken die Gedanken fort. Er spricht noch eine Zeit lang fort, und erst an der Art und Weise, wie sich das Publikum verhält, merkt er, dass seine Gedanken eine andere Richtung genommen haben, als seine Aufmerksamkeit. Das erzählt er ganz naiv. Nun denken Sie sich einmal: Aus dieser Tatsache redet er dann von allerlei Eigentümlichkeiten des menschlichen Bewusstseins. Ich habe zart darauf hingewiesen, dass Dessoir sich da in einer merkwürdigen Weise verhält. Ich habe gesagt: Es sei ganz unmöglich, dass er sich selbst meint, es könne nur so sein, dass er in diesem Fall so spricht, wie wenn man sich mit anderen ungeschickten Rednern identifiziert und per ich spricht, indem man sich in den anderen versetzt. Denn es wäre eine zu starke Zumutung, wenn man ihm zumuten wollte, dass er da sich selbst charakterisiert. Aber – er charakterisiert sich selbst! Es ist schon so. Wenn man solche Sachen bespricht, muss man manchmal, meine lieben Freunde, auf sehr merkwürdige Dinge hinweisen. *Die Philosophie der Freiheit* behandelt er nur in einer Anmerkung, indem er einen trivialen Satz darüber formuliert, der Dessoirisch ist, der nicht von mir stammt. Diese ganze Sache ist toll. Aber er sagt dabei: In Steiner's Erstling *Die Philosophie der Freiheit.* Also da ist man wirklich genötigt, meine lieben Freunde, da dies nicht

Besonders gravierend findet Dessoir bei einer Gelegenheit, bei der er sich noch eine Kombination von Unwahrheit und

---

mein Erstes ist, *Die Philosophie der Freiheit,* sondern der Abschluss einer zehnjährigen Schriftstellerarbeit, da ist man genötigt, auf solche Auswüchse einer akademischen Paranoia, eines akademischen Wahnsinns hinzuweisen bei einer solchen Handhabung der Gelehrtenmoral. Ich weiß selbstverständlich, trotzdem ich in diesem Kapitel gezeigt habe, wie korrupt diese ganze Darstellung ist, dass immer wieder die Leute kommen werden und werden sagen: Der Dessoir hat den Steiner widerlegt, selbstverständlich. Ich weiß das ganz gut. Ich weiß, dass man heute wie gegen Wände redet, wenn man das zu durchbrechen hat, was die Menschen heute ganz und gar nicht haben, den ‹Autoritätsglauben›, denn den haben sie ja abgeschafft! Allein gerade dieses Kapitel wird einen Beweis liefern, gegen welche Schwierigkeiten in der gegenwärtigen Kulturströmung Geisteswissenschaft einfach aus dem Grund anzukämpfen hat, weil sie genötigt ist, auf klare, scharfe Begriffskonturen und konkrete geistige Erlebnisse hinzuweisen. Von Logik zum Beispiel ist bei einem solchen Individuum wie Dessoir nicht im allerentferntesten davon die Rede, nicht im allerentferntesten, muss man sagen, ist die Rede. Und Logik fehlt überhaupt in dem weitesten Umfang in der gegenwärtigen sogenannten wissenschaftlichen Literatur. Das sind die Gründe, warum auf Seiten der offiziellen Geistesrichtungen, selbst wenn sie sich aus dem Allerinferiorsten herausarbeiten, wie die Universitäts-Psychiatrie oder Psychologie, wenn sie sich aus diesen Dingen herausarbeitet – warum sie nicht in der Lage ist, auf einen grünen Zweig zu kommen, weil sie der allerersten Anforderungen einer wirklichen Betrachtung des Lebens ermangeln. Solange nicht in weitesten Kreisen eine Überzeugung davon Platz greift, wie weit entfernt von echter Forschung und echtem Wirklichkeitssinn das ist, was heute als wissenschaftliche Literatur figuriert und oft auch den Inhalt von Universitäts- und namentlich populären Vorträgen bildet, solange nicht in weitesten Kreisen dieser Autoritätsglaube durchbrochen wird, so lange kann auch nicht Heil kommen. Diese Dinge muss man sagen, auch wenn man gerade den größten Respekt vor naturwissenschaftlicher Denkweise, wenn man gerade die großen Errungenschaften der naturwissenschaftlichen Denkweise immer wieder betont. Dass solche Dinge widerspruchsvoll ins Leben eingreifen, damit muss man sich schon bekanntmachen. Nun, meine lieben Freunde, nach dieser Abschweifung möchte ich zum Thema zurückkehren.»

Verleumdung gestattet, besonders gravierend findet es das akademische Individuum Max Dessoir, dass ich in dem Büchelchen *Die geistige Führung des Menschen und der Menschheit* auf ein wichtiges unterbewusstes Wirken geistiger Impulse hingewiesen habe. Ich habe gezeigt, dass in dem Kind, das sich sein Gehirn aufbaut, eine gescheitere Weisheit wirkt als diejenige, die später bewusst wird, nachdem das Gehirn aufgebaut ist. Sie kennen dieses Kapitel aus der *Geistigen Führung des Menschen und der Menschheit.* Bei solchen normalen Wirkungen des Unterbewussten müsste eine gesunde Wissenschaft einsetzen. Aber es braucht diese Wissenschaft auch noch etwas anderes.

Wenn Sie die Schrift *Wie erlangt man Erkenntnisse der höheren Welten?* (1904) nehmen, meine lieben Freunde, dann finden Sie dort das Geheimnis der Schwelle besprochen. Sie finden dieses Geheimnis der Schwelle so besprochen, dass gezeigt wird, dass nach dem Überschreiten der Schwelle in die geistige Welt hinein eine Trennung, eine Differenzierung der drei Grundkräfte des Seelenlebens stattfindet: des Denkens, des Fühlens und des Wollens. Erinnern wir uns, wie bei der Besprechung des Hüters der Schwelle in der Schrift *Wie erlangt man Erkenntnisse der höheren Welten?* gezeigt ist, wie das, was im gewöhnlichen Bewusstsein so zusammenwirkt, dass man es nicht trennen kann – das Denken, das Fühlen und das Wollen –, wie das auseinandertritt, wie jedes selbstständig wird.

Sodass wir sagen können, wenn wir diese Sache aufzeichnen würden: Wenn hier die Grenze ist zwischen dem gewöhnlichen Bewusstsein (s. Zeichnung aus der Klartextnachschrift, unten) und jener Region, in der die Seele als in der geistigen Welt drinnen lebt, so müssen wir Denken, Fühlen und Wollen des gewöhnlichen Bewusstseins so aufzeichnen, dass dies das Gebiet des Wollens ist, aber unmittelbar angrenzend ist das Gebiet des Fühlens, und dieses grenzt wieder unmittelbar an das Gebiet des Denkens.

Haben wir aber den Weg in die geistige Welt hinein nach dem Überschreiten der Schwelle zu skizzieren, so müssen wir die folgende schematische Zeichnung anfügen (rechts):

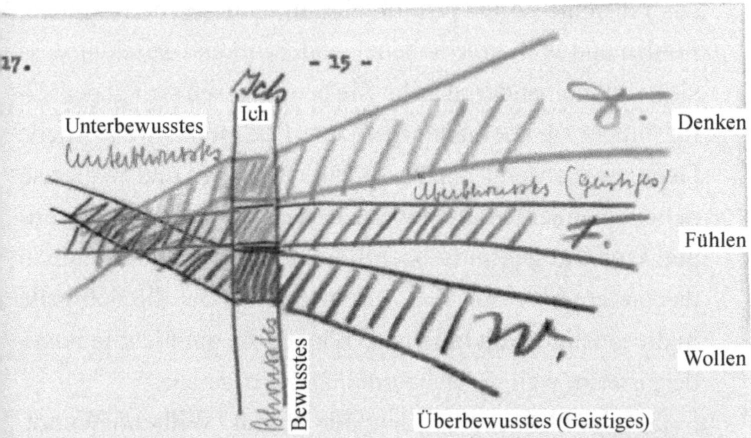

Das aber tritt dann ein, wenn - sagen wir - das Denken irgendwie der Gefahr ausgesetzt wird, nicht vollständig umfaßt zu werden, sondern sich geltend macht im Bewußtsein. Und weil das Ich nicht ordentlich wirkt, rutscht das Denken in die Gefühls-

Wir müssen zeigen, wie das Denken auf der einen Seite selbstständig wird, wie das Fühlen selbstständig wird, sich von dem Denken trennt, wie das Wollen selbstständig wird, was ich hier nur schematisch zeichnen kann. Sodass sich Denken, Fühlen und Wollen fächerartig auseinandertrennen.

Das finden wir dargestellt in meinem Buch *Wie erlangt man Erkenntnisse der höheren Welten?* Dass diesseits der Schwelle diese drei Tätigkeiten aneinandergrenzend wirken, in der richtigen Weise zusammenwirken, dass sie nicht in Verwirrung kommen, das ist dadurch bewirkt, dass die Schwelle eine gewisse Breite hat, in der unser Ich selbst lebt (Mitte der Zeichnung). Wenn das Ich gesund wirkt, wenn das Ich seine volle Gesundheit hat, dann werden Denken, Fühlen und Wollen so nebeneinanderwirkend gehalten, dass sie nicht ineinanderpurzeln. Sie beeinflussen sich gegenseitig, indem sie aneinandergrenzen. Das ist das wesentliche Geheimnis unseres Ich, dass Denken, Fühlen und Wollen so nebeneinander gehalten werden, dass sie sich in der richtigen Weise gegenseitig beeinflussen, dass nicht das eine in das andere hineinpurzelt. Kommen wir über die Schwelle in die geistige Welt hinein, so können sie gar nicht ineinanderpurzeln, weil sie sich voneinander trennen.

Solche Philosophen, wie der Wundt (Wilhelm Wundt, 1832-1920) einer ist, solche Philosophen reden davon, dass man die Seele nicht dreigliedern soll, weil die Seele eine Einheit ist. Da wirft der Wundt alles konfus durcheinander.

Aber die Sache ist doch die, dass Denken, Fühlen und Wollen in dreifacher Weise in der geistigen Welt urständen, in der Seele aber zu einer Einheit zusammenwirken. Das ist das, worauf man Rücksicht nehmen muss. Und wenn gesagt wird, dass die Anthroposophie drei Seelen unterscheidet, während es nur eine Seele gibt – dass man schon daran sehen kann, dass Anthroposophie keine Begründung hat, weil sie drei Seelen annimmt, während es nur eine gibt –, so muss man dagegen einwenden: Es stört auch nicht die Einheit des Menschen, dass er zwei Hände hat, selbstverständlich.

Wir haben hier (Mitte der Zeichnung) das Verhältnis der Seelenkräfte, die im Ich wirken, die mit dem Ich zusammenwirken, und wir haben dann ihre Wirkungsweise jenseits der Schwelle des Bewusstseins, in der geistigen Welt (rechts).

Aber es kann ein anderer Fall eintreten. Der kann dadurch eintreten, dass das Ich im normalen Bewusstsein durch irgendetwas geschwächt wird. Dann wird die Schwelle nach der umgekehrten Seite überschritten, dann schwenkt das Denken so ab und vermischt sich mit dem Fühlen, vermischt sich auch mit dem Wollen. Wir haben dann in der Seele ein Durcheinander von Denken, Fühlen und Wollen. Die purzeln ineinander.

Das tritt dann ein, wenn das Denken der Gefahr ausgesetzt wird, nicht vollständig umfasst zu werden, sich nicht selbstständig geltend zu machen im Bewusstsein. Weil das Ich nicht ordentlich wirkt, rutscht das Denken in die

Gefühlssphäre oder in die Willenssphäre hinein (s. Zeichnung, links). Statt dass Denken, Fühlen und Wollen nebeneinandergehen, ergreift das Denken, ohne dass das Ich seine Tätigkeit entfalten kann, ergreift das Denken das Fühlen oder gar das Wollen.

Das geschieht in den Fällen, die von den Psychoanalytikern als hysterische oder nervöse Fälle geschildert werden. Da schwenken Denken, Fühlen und Wollen nach der entgegengesetzten Seite von jener gesunden Richtung ab, die in das geistige Gebiet hineinführen würde.

Man kann, wenn man eine Anlage, eine Begabung zur Prüfung hat, man kann die Dinge handgreiflich sehen, wie sie geschehen. Nehmen wir die Dame, die am Krankenbett ihres Vaters sitzt und deren Ich-Bewusstsein durch die vielen Nachtwachen herabgedämpft ist (s. S. 11ff.). Es kann das Geringste geschehen, so wird der Gedanke nicht ordentlich neben dem Gefühl einherlaufen, sondern in die Region der Gefühle hinunterpurzeln. Dann aber wird der Gedanke von den Wogen des Gefühls ergriffen, die stärker sind als die Wogen des Gedankens. Und die Folge ist, dass in einem solchen Fall der Organismus ergriffen wird von den Gefühlswogen. Von den Gefühlswogen wird der Organismus in dem Augenblick ergriffen, in dem das Denken nicht stark genug ist, sich außerhalb der Gefühle zu halten.

Das ist eine wichtige Anforderung, meine lieben Freunde: dass das Denken des modernen Menschen immer mehr in die Lage kommt, sich außerhalb der Gefühls- und Willenswogen zu halten. Ergreift das Denken die Gefühlswogen im Unterbewussten – hier ist das Überbewusste (s. Zeichnung S. 69, rechts), hier das Bewusste (Mitte), hier ist das Unterbewusste (links) –, ergreift das Denken die Gefühlswogen im Unterbewussten, so geschieht etwas Unordentliches im Organismus. Das ist außerordentlich wichtig.

Wir können uns denken, dass in diesem modernen Leben, wo so vieles an die Menschen herangebracht wird, was sie nicht ordentlich verstehen, was sie nicht weiter durchdringen, dass da die Gedanken fortwährend in die Gefühle hinunterströmen. Aber nur das Denken ist auf die physische Welt orientiert. Das Fühlen ist nicht bloß auf die physische Welt orientiert, sondern das Fühlen steht eo ipso (von selbst) im Zusammenhang mit der geistigen Welt. Das Fühlen steht im Zusammenhang mit all den geistigen Wesen, von denen man als von realen Wesen sprechen muss. Sodass der Mensch, wenn er mit unzulänglichen Begriffen in sein Gefühlsleben untertaucht, mit den guten aber auch mit den bösen geistigen Wesen in Verbindung kommt.

Da kommt er in Kollisionen. Da treten all die Kollisionen auf, die daher kommen, dass der Mensch mit unzulänglichen Erkenntnismitteln untertaucht. Er muss mit unzulänglichen Begriffen untertauchen, weil in der Gefühlssphäre viel mehr ist als in der gewöhnlichen Verstandessphäre. In der

Gefühlssphäre kann sich der Mensch nicht von seinem Zusammenhang mit der geistigen Welt emanzipieren. Wenn er sich in der materialistischen Zeit mit der Verstandessphäre emanzipiert, so kommt er immer mit unzulänglichen Begriffen in seine Gefühlswelt hinein, und er muss krank werden.

Was wäre daher die einzige Hilfe, um den Menschen umfänglich gesund zu machen? Es wäre, ihn wieder zu solchen Begriffen hinzuführen, die auch die Gefühlssphäre umfassen, das heißt, dem modernen Menschen wieder von der geistigen Welt zu reden, im umfänglichsten Sinne von der geistigen Welt zu reden. Nicht die dem Individuum angepassten therapeutischen Methoden des Psychoanalytikers kommen dabei in Betracht, sondern die für die Allgemeinheit geltende Geisteswissenschaft.

Nimmt man die Begriffe der Geisteswissenschaft wirklich auf – nicht alle nehmen sie auf, die sie sich anhören, oder die darüber lesen –, nimmt man sie wirklich auf, meine lieben Freunde, dann kommt man nicht in die Möglichkeit, dass im Unterbewussten die drei Sphären der Seele – das Denken, das Fühlen und das Wollen – chaotisch durcheinandergebracht werden, worauf alle Hysterie und alle Nervosität in Wirklichkeit beruht, die innerseelisch ist. Von solchem spricht ja die Psychoanalyse.

Dazu ist aber notwendig, dass man den Mut hat, an das konkrete Wirken der geistigen Welt heranzukommen, dass man den Mut hat anzuerkennen, dass wir in unserer Zeit in einer Krise leben, die wesentlich mit der Krise zusammenhängt, die wir für das Jahr 1879 konstatiert haben, und unter deren Nachwehen wir noch stehen. Ich habe schon gestern gesagt: Gewisse Dinge müssen ganz anders betrachtet werden, als sie von der materialistischen Gesinnung unserer Zeit betrachtet werden. Und ich habe auf das Beispiel Nietzsche hingewiesen.

Nietzsche ist 1844 geboren. 1841 begann der Kampf in der geistigen Welt, von dem ich gesprochen habe. Drei Jahre lang war Nietzsche oben in diesem Kampf drinnen. Richard Wagner hat ihn nicht mitgemacht, er ist 1813 geboren. Also drei Jahre lebt Nietzsche in der geistigen Welt, seitdem in ihr dieser Kampf stattfindet. Da nimmt er all die Impulse auf, die er unter dem Einfluss dieses Kampfes in der geistigen Welt aufnehmen kann. Er kommt damit herunter. Man lese Nietzsches erste Schriften, wie die Kampfesstimmung sich in seine Schriftstellerei hineinmischt, wie in jedem Satz eine Nachwirkung dessen vorhanden ist, was er in den drei Jahren seines geistigen Aufenthalts, von 1841 bis 1844, erlebt hat. Dadurch bekommen die Nietzsche'schen Schriften der ersten Zeit ihre ganz besondere Färbung.

Dann aber ist wichtig – ich habe es angedeutet –, dass er ein 16jähriger Bub ist, als Schopenhauer stirbt. Er liest dann Schopenhauers Schriften. Es findet statt eine reale Beziehung ausgehend von Schopenhauers Seele in der geistigen Welt in die Seele Nietzsches hinein. Jeden Satz bei

Schopenhauer liest Nietzsche so, dass dieser Impuls aus der geistigen Welt in ihn eindringt. Denn Schopenhauer kommt 1860 in die geistige Welt hinauf, als der Kampf oben noch wütet. Was will denn Schopenhauer? Schopenhauer will unter dem Einfluss dieses Kampfes nicht so sehr seine Schriften als seine Gedanken fortwirkend machen. Nietzsche setzt die Gedanken Schopenhauers fort, aber er setzt sie auf eine eigentümliche Weise fort.

Schopenhauer sieht, als er durch die Pforte des Todes gegangen ist: Er hat hier unten seine Schriften in einer Epoche verfasst, in der die Geister der Finsternis erst heranrückten, in der sie noch nicht da waren. Seine Gedanken will er fortgesetzt haben, die Impulse, die daraus entstehen, indem er aber noch den Kampf der Geister der Finsternis gegen die Geister des Lichtes oben in der geistigen Welt vor sich hat. Er will seine Schriften fortgesetzt haben, er bildet in Nietzsches Seele den Impuls, seine Gedanken fortzusetzen. Das, was von der geistigen Welt in Nietzsches Seele hineingeht, kontrastiert mit dem, was in der physischen Welt im persönlichen Umgang mit Wagner entsteht. So setzt sich Nietzsches Seelenleben zusammen, so setzt sich Nietzsches Schriftstellerlaufbahn zusammen.

Jetzt rückt das Jahr 1879 heran. Der Kampf, der sich in der geistigen Welt abgespielt hat, beginnt sich unten abzuspielen, nachdem die Geister der Finsternis gestürzt sind. 1883 geht Wagner hinauf in die geistige Welt. Nietzsche ist durch sein ganzes Karma, in das ich jetzt sein konkretes Verhältnis zur geistigen Welt einbezogen habe, Nietzsche ist durch sein ganzes Karma einer Gefahr ausgesetzt. Er ist der Gefahr ausgesetzt, dass die Geister der Finsternis ihn auf besonders schlimme Pfade bringen.

Schopenhauer hat einen «transzendent-egoistischen» Grund. Als Seele steht er in der geistigen Welt drinnen. Er inspiriert Nietzsche, sodass dieser seine Gedanken fortsetzt – das ist ein fortdauernder post mortem transzendent-egoistischer Grund. Das Egoistische muss nicht immer böse sein.

Als aber Wagner in die geistige Welt hinaufkommt, da sind die Geister der Finsternis schon unten. Wagner kommt in eine ganz andere Atmosphäre hinauf, er wird – da muss man Dinge aussprechen, die paradox sind, meine lieben Freunde, aber die wahr sind –, Wagner wird in einer unegoistischen Weise der Lenker Nietzsches von der geistigen Welt aus. Wagner lässt nicht seine Gedanken fortsetzen, sondern er lässt Nietzsche in dem Fahrwasser spielen, das für Nietzsche selbst angemessen ist. Er lässt Nietzsche in seinem Fahrwasser spielen, indem er ihm die Wohltat zukommen lässt, im richtigen Moment geistig umnachtet zu werden. Er lässt ihn davor bewahrt sein, mit seinem Bewusstsein in gefährliche Regionen hineinzukommen.

Das schaut sehr paradox aus, aber das liegt der unegoistischen Art zugrunde, wie Richard Wagners Seele aus reineren Regionen heraus auf Nietzsche wirkt, als Schopenhauers

Seele gewirkt hat, die drüben in der geistigen Welt noch mittendrin in dem Kampf der Geister der Finsternis gegen die Geister des Lichtes war. Was Wagner für Nietzsche will, das ist: So gut es geht, ihn in seinem Karma vor den schon auf die Erde herabgekommenen Geistern der Finsternis zu bewahren.

Und Nietzsche ist bis zu einem hohen Grad vor diesen Geistern der Finsternis bewahrt worden. Denn wer die letzten Schriften Nietzsches in entsprechender Weise auf sich wirken lässt, der wird finden, dass große Gedanken darin sind, gerade wenn man sie von den starken Widerständen loslöst, oder von den Dingen, die von den starken Widerständen herabgekommen sind. Ich habe mich bemüht, in meinem Buch *Friedrich Nietzsche, ein Kämpfer gegen seine Zeit* die großen Gedankenimpulse darzustellen, abgesondert von all dem, was aus widerstrebenden Impulsen bei Nietzsche gekommen ist.

Oh Mensch! Gieb Acht!
Was spricht die tiefe Mitternacht?
„Ich schlief, ich schlief —,
„Aus tiefem Traum bin ich erwacht: —
„Die Welt ist tief,
„Und tiefer als der Tag gedacht.
„Tief ist ihr Weh —,
„Lust — tiefer noch als Herzeleid:
„Weh spricht: Vergeh!
„Doch alle Lust will Ewigkeit —,
„— will tiefe, tiefe Ewigkeit!“

Ja, meine lieben Freunde, die Welt ist tief. Es ist wirklich etwas Wahres an dem, was Nietzsche selbst gesagt hat (s. Faksimile S. 78): «Die Welt ist tief, und tiefer als der Tag gedacht».[10] Man soll nicht mit dem gewöhnlichen Bewusstsein die weiten Regionen des geistigen Lebens kritisieren. Die weisheitsvolle Weltlenkung versteht man nur, wenn man beim Eingehen auf das Konkrete dieser Weltlenkung egoistische Gedanken fernzuhalten versteht, wenn man auch tragische Erscheinungen der Weltentwicklung in den weisheitsvollen Gang einreiht. Man kommt auf viele unbequeme Stellen, wenn man die Dinge durchschaut.

Wer für die Zukunft ein solches Leben durchschauen will, wie das Nietzsches war, der wird gar nicht mehr auskommen können, wenn er nur die Dinge beschreibt, die sich hier auf der Erde in Nietzsches Umgebung zugetragen haben. Die Betrachtung des Lebens wird sich auf die geistige Welt ausdehnen müssen. Wie mit der Nase wird der Mensch auf die Notwendigkeit dieser Ausdehnung durch jene Ereignisse gestoßen, die heute dem Psychoanalytiker vorliegen und die er mit unzulänglichen Erkenntnismitteln meistern will, aber nicht meistern kann.

Es würde die menschliche Gesellschaft in schwierige Regionen hineintreiben, wenn der Psychoanalyse Folge geleistet

---

10 *Also sprach Zarathustra,* Ein Buch für Alle und Keinen, von Friedrich Nietzsche, Vierter und letzter Theil (Leipzig 1891), S. 129.

würde – insbesondere wäre das der Fall auf pädagogischem Gebiet. Warum, meine lieben Freunde?

Denken wir uns die Tatsache, dass das Denken in die Gefühlssphäre hinunterrutscht. Sobald man mit der Seele in der Gefühlssphäre lebt, lebt man nicht mehr in dem Leben, das von Geburt und Tod begrenzt ist, sondern da lebt man in der ganzen Welt drinnen, die sich vom letzten Tod bis zu dieser Geburt ausdehnt. Wenn das der gewöhnliche Lebenslauf ist (s. Zeichnung): Man lebt mit der Gefühlssphäre auch

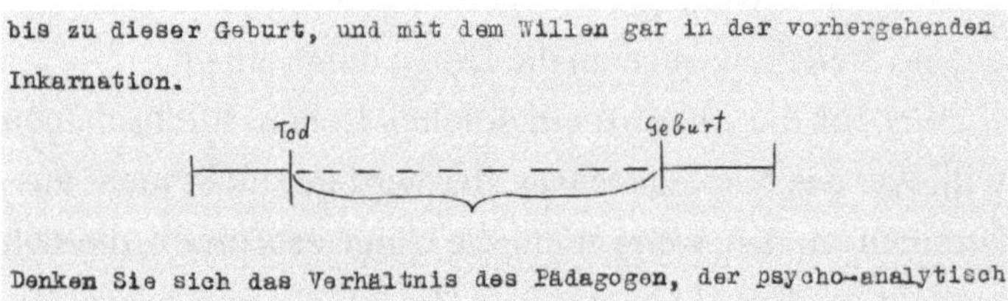
bis zu dieser Geburt, und mit dem Willen gar in der vorhergehenden Inkarnation.

Denken Sie sich das Verhältnis des Pädagogen, der psycho-analytisch

in der Zeit vom letzten Tod bis zu dieser Geburt. Und mit dem Willen lebt man sogar in der vorhergehenden Verkörperung drinnen.

Denken wir uns das Verhältnis des Pädagogen, der psychoanalytisch vorgehen will, zu dem Zögling oder Patienten. Indem er sich an einen Seeleninhalt heranmacht, der in die Gefühlssphäre hineinrutscht, macht er sich nicht nur an das individuelle Leben eines Menschen heran, sondern er macht sich an das umfassende Leben heran, das weit über das individuelle Leben hinausgeht. Für dieses umfassende Leben, meine lieben Freunde, liegen zwischen den Menschen nicht

Zusammenhänge vor, die sich durch bloße Vorstellungen erschöpfen lassen, sondern Zusammenhänge, die in reale Lebenszusammenhänge hineinführen. Das ist sehr wichtig: Sie führen in reale Lebenszusammenhänge hinein.

Denken wir also, es würde ein solches Verhältnis des psychoanalytischen Erziehers zu dem Zögling stattfinden. Dann würde das, was sich da abspielt, sich nicht bloß auf dem Vorstellungsgebiet abspielen, indem man dem Betreffenden nur etwas beibringt, sondern es würden sich reale karmische Beziehungen anknüpfen, weil man viel tiefer in das Leben eingreift. Man würde das betreffende Individuum aus seinem Karma herausreißen, man würde seinen karmischen Verlauf ändern. Das geht aber nicht, dass man das, was über das Individuum hinausführt, individuell behandelt, sondern das muss generell, das muss allgemein menschlich behandelt werden.

Wir sind in einer gewissen Zeitepoche zusammengeführt, also muss ein Gemeinsames wirken, sobald man über das Individuelle hinausgeht. Das heißt, es darf nicht das Individuum dem Individuum gegenübertreten und therapeutisch oder pädagogisch das Individuum so behandeln, wie es der Psychoanalytiker macht, sondern es muss etwas Allgemeines eintreten. In die Zeitkultur muss etwas eintreten, was die Seele auf das hinweist und das heraufzieht, was sonst unterbewusst bleibt. Das muss allgemeines Milieu sein, nicht eine Angelegenheit, die sich von Individuum zu Individuum abspielt.

Hier liegt der große Fehler, der gemacht wird, der von einer ungeheuren Tragweite, von einer riesigen Bedeutung ist. Statt die Bestrebung dahinzuführen, das Geistesleben mit dem zu durchdringen, was ein Wissen von der geistigen Welt ist, wie es in der Gegenwart sein muss, sperrt man die Seelen in Sanatorien ein, an denen sich zeigt, wie das zurückgestaute Geistesleben krankhaft wirkt, und man behandelt den Einzelnen. Das kann niemals zu etwas anderem führen, als dass sich verworrene karmische Verhältnisse knüpfen, dass aus dem, was sich zwischen Individuen vollzieht, nicht ein Heben des unterbewussten Seeleninhaltes herauskommt, sondern dass sich zwischen den Behandelnden und dem Behandelten karmische Beziehungen knüpfen, weil es in das Individuelle übergreift.

Man kommt in das reale, konkrete Leben hinein, mit dem man nicht spielen darf, das man erst dann meistern kann, wenn man auf diesem Gebiet nichts anderes als das anstrebt, was allgemein menschlich ist. Man muss an der konkreten Beziehung des Menschen zur geistigen Welt diese Dinge lernen. Es wäre nützlich, wenn sich die Menschen darauf einließen, nicht abstrakt herumzureden, wie es Jung tut. Er redet davon, dass der Mensch alles erlebt, was die Menschheit durchgemacht hat, alle möglichen Dämonen. Aber er macht sie zu abstrakten Dämonen, nicht zu Wirklichkeiten, indem er sagt: Über ihre Existenz zu diskutieren, ist eine Dummheit. Er macht sie zu abstrakten Dämonen, zu bloßen Gedankendämonen.

Ja, bloße Gedankendämonen, die können niemals einen Menschen krank machen, die können niemals im Unbewussten sein, sondern die können nur im Bewusstsein sein. Das ist das Wichtige, meine lieben Freunde, dass die Menschen, die sich solchen Theorien hingeben, selber mit so viel von unbewussten Vorstellungen arbeiten, dass sie nicht auf das Richtige kommen können. Die Menschen kommen zu Verabsolutierungen von Begriffen, und ich muss immer wieder sagen: Da, wo die Begriffe anfangen, verabsolutiert zu werden, kommt man immer in eine Sackgasse hinein, oder man kommt vor eine Grube, in die man mit seinem Denken hineinfällt.

Ein solcher Mensch wie Dr. Freud ist genötigt, das Sexualgebiet über das gesamte menschliche Wesen auszudehnen, damit er alles aus dem Sexualgebiet heraus erklären kann, was an solchen Seelenerscheinungen auftritt. Zu verschiedenen Menschen, meine lieben Freunde, die mit psychoanalytischen Tendenzen an mich herangekommen sind, habe ich gesagt: Eine Theorie, eine Weltanschauung muss standhalten können, wenn man sie auf sie selbst anwendet, sonst zerbröckelt sie in nichts.

Ich habe gesagt: Der logische Trugschluss ist das Muster, wenn man ihn nur konkret genug anwendet, der logische Trugschluss, der sagt: «Alle Kretenser sind Lügner, sagt ein Kretenser.» Wenn es ein Kretenser sagt und es wahr ist, muss es erlogen sein. Dann hebt sich die Behauptung von selbst auf, sie vernichtet sich. Das geht nicht, dass ein

Kretenser sagt: Alle Kretenser sind Lügner – mit der Prätention (Anspruch, Voraussetzung), dass der Satz wahr ist. Das ist das Muster, das logische Muster für die Verabsolutierung.

So muss jede Theorie mit sich selbst behandelt werden können, ohne dass sie zerbröckelt. Behandeln wir Freud mit Freud, wie er selbst seine unbewussten Dinge heraufbringt, dann müssen wir sagen: Die Freud'sche Theorie kommt selbst aus dem Sexualleben, sie ist nur ein Ergebnis des Sexuallebens. Geradeso wie die Behauptung: «Alle Kretenser sind Lügner», aus einem Lügner stammen muss, wenn ein Kretenser sie macht – und zerbröckelt –, so zerbröckelt die Behauptung von der Universalität des Sexualismus, wenn man sie selbst an ihrer Behauptung prüft. Und so ist es mit anderen Dingen.

Ein solches Prinzip kann man lange einsehen, meine lieben Freunde, ohne es lebensvoll anzuwenden, ohne es wirklichkeitsgemäß anzuwenden. Aber gerade das wird die besondere Eigenschaft der anthroposophisch orientierten Geisteswissenschaft sein, dass sie nicht in dieser Weise auf sich selbst angewendet werden kann.

Von diesen Dingen wollen wir ein anderes Mal weiter sprechen. Wir werden wahrscheinlich, da ich vorhin gehört habe, dass ich in dieser Woche auch in St. Gallen vortrage, am Donnerstag einen öffentlichen Vortrag und am Freitag einen Zweigvortrag habe, wir werden erst am nächsten Sonntag uns hier wieder treffen können.

VIER BRIEFE
«AN DIE MITGLIEDER!»

Das Goetheanum (Nachrichten), 22. Februar 1925

An die Mitglieder!

Die Freiheit des Menschen und das Michael-Zeitalter

In der Erinnerungsfähigkeit des Menschen lebt das persönliche Abbild einer kosmischen Kraft, die in der Art am menschlichen Wesen gewirkt hat, wie das die letzten Betrachtungen gezeigt haben. Diese kosmische Kraft ist aber auch gegenwärtig noch tätig. Sie wirkt als Wachstumskraft, als belebender Impuls im Hintergrund des Menschenlebens. Da wirkt sie mit ihrem größeren Anteil. Sie sondert nur einen kleinen Teil von sich ab, der als Tätigkeit in die Bewusstseinsseele eintritt. Da wirkt er als Erinnerungskraft.

Man muss diese Erinnerungskraft im rechten Licht sehen. Wenn der Mensch in der gegenwärtigen Epoche des kosmischen Werdens mit den Sinnen wahrnimmt, so ist dieses Wahrnehmen ein augenblickliches Aufleuchten von Welt*bildern* im Bewusstsein. Das Aufleuchten kommt, wenn der Sinn auf die Außenwelt gerichtet ist, es durchhellt das Bewusstsein. Es verschwindet, wenn der Sinn sich nicht mehr an die Außenwelt richtet. Was da in der Menschenseele aufleuchtet: Es darf nicht Dauer haben. Denn brächte der Mensch es nicht rechtzeitig aus seinem Bewusstsein heraus, verlöre er sich an den Bewusstseinsinhalt. Er wäre nicht mehr *er* selbst. Nur kurze Zeit, in den sogenannten Nachbildern, die Goethe so sehr interessierten, darf im Bewusstsein das «Leuchten» durch die Wahrnehmung leben. Es darf dieser Bewusstseinsinhalt auch nicht zum Sein erstarren, er muss *Bild* bleiben. Er darf ebenso wenig real werden, wie das *Bild* im Spiegel real werden kann.

An etwas, was sich als Realität im Bewusstsein auslebte, würde sich der Mensch ebenso verlieren wie an das, was durch sich selbst Dauer hätte. Auch da könnte er nicht mehr *er* selbst sein.

So ist das sinnenfällige Wahrnehmen der Außenwelt ein innerliches Malen der Menschenseele. Ein Malen ohne Malsubstanz. Ein Malen im Geistwerden und Geistvergehen. Wie der Regenbogen in der Natur ersteht und dahingeht, ohne eine Spur zu hinterlassen, so ersteht die Wahrnehmung und geht dahin, ohne dass *sie* Erinnerung durch ihr eigenes Wesen zurücklässt.

Aber gleichzeitig mit *jeder* Wahrnehmung verläuft zwischen der Menschenseele und der Außenwelt ein anderer Vorgang. Ein solcher, der im mehr zurückliegenden Teil des Seelenlebens liegt. Da, wo die Wachstumskräfte, wo die Lebensimpulse wirken. In *diesem* Teil des Seelenlebens prägt sich beim Wahrnehmen nicht nur ein vorübergehendes Bild, sondern ein dauerndes, reales Abbild ein. Das kann der Mensch ertragen, denn das hängt mit dem Sein des Menschen als Weltinhalt zusammen. Indem dies sich vollzieht, kann er ebenso wenig sich verlieren, wie er sich verliert, da er ohne sein volles Bewusstsein wächst, sich ernährt.

Wenn nun der Mensch seine Erinnerungen aus seinem Inneren holt, dann ist das ein inneres Wahrnehmen dessen, was geblieben ist in dem zweiten Vorgang, der sich beim äußeren Wahrnehmen abspielt.

Wieder malt die Seele, jetzt aber das im eigenen menschlichen Inneren lebende Vergangene. Wieder darf *im Bewusstsein* bei diesem Malen kein dauerndes Reales, sondern nur ein erstehendes und vergehendes Bild sich formen.

So hängen in der Menschenseele wahrnehmendes Vorstellen und Erinnern zusammen.

Aber die Erinnerungskräfte haben das fortwährende Bestreben, mehr zu sein, als sie sein können, wenn der Mensch als selbstbewusstes Wesen *sich* nicht verlieren soll.

Denn die Erinnerungskräfte sind Reste der Vergangenheit im Menschenwerden und kommen als solche in das Machtgebiet Luzifers. Dieser hat das Bestreben, im Menschenwesen die Eindrücke der Außenwelt so zu verdichten, dass sie fortwährend als Vorstellen im Bewusstsein leuchten.

Dieses luziferische Bestreben wäre von Erfolg gekrönt, wenn die Michael-Kraft ihm nicht entgegenwirkte. Sie lässt das im inneren Licht Gemalte nicht zum Sein erstarren, sondern erhält es im erstehenden und vergehenden Bild.

Die überschüssige Kraft, die da aber durch Luzifer heraufdrängt aus dem menschlichen Inneren, sie wird im

Michael-Zeitalter umgewandelt werden in imaginierende Kraft. Denn allmählich wird in das allgemeine intellektuelle Menschheitsbewusstsein die Kraft der Imagination einziehen. Damit aber wird der Mensch sein Gegenwartsbewusstsein nicht mit dauerndem Realen belasten, das bleibt in erstehenden und vergehenden Bildern wirksam. Mit seinen Imaginationen aber ragt der Mensch in eine höhere Geisteswelt hinauf, wie er mit seinen Erinnerungen in seine eigene Menschenwesenheit hineinragt. Der Mensch behält die Imaginationen nicht in sich. Sie sind in das kosmische Sein eingezeichnet, und aus diesem kann er sie immer wieder in dem Bildvorstellungsleben abmalen.

So wird, was Michael bewahrt vor dem Erstarren im Menscheninneren, von der geistigen Welt aufgenommen. Was der Mensch von der Kraft des bewussten Imaginierens erlebt, das wird zugleich Weltinhalt. Dass dies so sein kann, ist ein Ergebnis des Mysteriums von Golgota. Die Christus-Kraft prägt die Menschenimagination dem Kosmos ein, die Christus-Kraft, die mit der Erde verbunden ist. Solange sie nicht mit der Erde verbunden war, sondern von außen auf die Erde als Sonnenkraft wirkte, gingen alle Wachstums- und Lebensimpulse in das Menscheninnere. Der Mensch wurde durch sie aus dem Kosmos heraus gebildet und erhalten. Seit der Christus-Impuls mit der Erde lebt, wird der Mensch in seiner selbstbewussten Wesenheit dem Kosmos wieder zurückgegeben.

Der Mensch ist aus einem Weltwesen ein Erdwesen geworden. Er ist dazu veranlagt, wieder ein Weltwesen zu werden, nachdem er als Erdwesen *er selbst* geworden ist.

In dieser Tatsache, dass der Mensch in seinem augenblicklichen *Vorstellen* nicht im Sein, sondern nur in einer Spiegelung des Seins, in einem Bildsein lebt, liegt die Möglichkeit der Entfaltung der Freiheit. Alles Sein im Bewusstsein ist ein zwingendes. Allein das *Bild* kann nicht zwingen. Soll durch seinen Eindruck etwas geschehen, so muss es ganz unabhängig *von ihm* geschehen. Der Mensch wird dadurch frei, dass er mit seiner Bewusstseinsseele aus dem Sein sich erhebt und in dem *nicht-seienden* Bildwesen auftaucht.

Da entsteht die bedeutsame Frage: Verliert denn der Mensch das Sein nicht, indem er es mit einem Teil seines Wesens verlässt und sich in das Nicht-Sein stürzt?

Hier ist wieder einer der Punkte, wo man mit der Betrachtung der Welt vor einem der großen Rätsel steht.

Was im Bewusstsein als Vorstellen erlebt wird, ist aus dem Kosmos heraus entstanden. Dem Kosmos gegenüber stürzt sich der Mensch in das Nicht-Sein. Er *befreit* sich im Vorstellen von allen Kräften des Kosmos. Er malt den Kosmos, außerhalb dessen er ist.

Wäre es *nur* so, so leuchtete im Menschenwesen für einen kosmischen Augenblick die Freiheit auf, aber in demselben Augenblick löste sich auch die Menschenwesenheit auf. Aber, indem im Vorstellen der Mensch frei wird vom Kosmos, ist er doch in seinem nicht bewussten Seelenleben an seine vorigen Erdleben und Leben zwischen Tod und neuer Geburt angegliedert. Er ist als bewusster Mensch im Bildsein, und er hält sich mit seinem Unbewussten in der geistigen Realität. Während er im *gegenwärtigen* Ich die Freiheit erlebt, hält ihn sein *vergangenes* Ich in dem Sein.

In Bezug auf das Sein ist im Vorstellen der Mensch ganz dem hingegeben, was er durch die kosmische und irdische Vergangenheit hindurch geworden ist.

Es ist in der Menschenentwicklung hier auf den Abgrund des Nichts gedeutet, über den der Mensch springt, indem er ein freies Wesen wird. Michaels Wirken und der Christus-Impuls machen den Sprung möglich.

Goetheanum, Januar 1925.

***

Leitsätze 162-164

162. Im Vorstellen lebt der Mensch mit seiner Bewusstseinsseele nicht im Sein, sondern im Bildsein, im Nicht-Sein. Dadurch ist er vom Miterleben mit dem Kosmos *befreit.* Bilder zwingen nicht. Nur das Sein zwingt. Richtet sich der Mensch doch nach Bildern, so ist das von den Bildern ganz unabhängig, das heißt in Freiheit von der Welt.

163. In dem Augenblick eines solchen Vorstellens hängt der Mensch mit dem Sein der Welt nur durch das zusammen,

was er aus der Vergangenheit seiner früheren Erdleben und seiner Leben zwischen Tod und Geburt geworden ist.

164. Diesen Sprung über das Nicht-Sein gegenüber dem Kosmos kann der Mensch nur durch die Tätigkeit Michaels und den Christus-Impuls machen.

Das Goetheanum (Nachrichten), 1. März 1925

An die Mitglieder!

Wo ist der Mensch als denkendes und sich erinnerndes Wesen?

Mit dem Vorstellen (Denken) und dem Erleben von Erinnerungen befindet sich der Mensch innerhalb der physischen Welt. Aber, wo immer er den Blick in dieser physischen Welt hinrichtet: Mit seinen Sinnen wird er nirgends etwas finden, was ihm die Kräfte zum Vorstellen und Erinnern geben könnte.

Im Vorstellen erscheint das Selbstbewusstsein. Dieses ist, im Sinne der vorangehenden Betrachtungen, ein Erwerb, den der Mensch von den Kräften des Irdischen hat. Aber *diese* irdischen Kräfte sind solche, die dem sinnlichen Anschauen verborgen bleiben. Der Mensch denkt zwar im Erdleben nur das, was ihm seine Sinne vermitteln, aber die Kraft zum Denken gibt ihm nichts von all dem, was er so denkt.

Wo findet man diese Kraft, die aus dem Irdischen heraus das Vorstellen (Denken) und die Erinnerungsbilder formt?

Man findet sie, wenn man den Geistesblick auf das richtet, was sich der Mensch aus den vorigen Erdleben mitbringt. Das gewöhnliche Bewusstsein kennt dieses nicht. Es lebt im Menschen zunächst unbewusst. Aber es erweist sich, indem der Mensch nach dem geistigen Sein die Erde betritt, sogleich als verwandt mit *den* irdischen Kräften, die nicht in den Bereich von Sinnesbeobachten und Sinnesdenken fallen.

Nicht mit dem Vorstellen (Denken) ist der Mensch in diesem Bereich, sondern mit dem Wollen, das sich im Sinne des Schicksals abspielt.

Man kann in Anbetracht dessen, dass die Erde Kräfte enthält, die außerhalb des Sinnenbereichs fallen, von der «geistigen Erde» als Gegenpol der physischen sprechen. Dann ergibt sich, dass der Mensch als Willenswesen in und mit der «geistigen Erde» lebt, dass er aber als vorstellendes (denkendes) Wesen zwar innerhalb der physischen Erde ist, dass er aber als solches nicht *mit* ihr lebt.

Der Mensch als denkendes Wesen trägt aus der Geisteswelt Kräfte in die physische. Aber er bleibt mit diesen Kräften Geisteswesen, das in der physischen Welt nur *erscheint,* aber keine Gemeinsamkeit mit ihr eingeht.

Eine Gemeinsamkeit geht der vorstellende (denkende) Mensch während des Erddaseins nur mit der «geistigen Erde» ein. Und aus *dieser* Gemeinsamkeit erwächst ihm sein Selbstbewusstsein. Dessen Entstehung ist also verdankt solchen Vorgängen, die sich im Erdleben mit dem Menschen als geistige abspielen.

Umfasst man mit der Geistesschau, was da beschrieben ist, so hat man das «menschliche Ich» vor dieser Schau.

Mit den Erinnerungserlebnissen kommt man in das Gebiet des menschlichen Astralleibes. Im Erinnern strömen nicht bloß wie beim Vorstellen (Denken) die Ergebnisse voriger Erdleben in das gegenwärtige Ich, sondern es strömen die Kräfte der Geisteswelt, die der Mensch zwischen Tod und neuer Geburt erlebt, in sein Inneres ein. Dieses Einströmen geschieht in den Astralleib.

Nun gibt es innerhalb der physischen Erde auch für die unmittelbare Aufnahme der so einströmenden Kräfte kein Gebiet. Der Mensch kann als sich erinnerndes Wesen noch ebenso wenig mit den Dingen und Vorgängen, die seine Sinne wahrnehmen, sich verbinden, wie er sich als vorstellendes Wesen mit diesen verbinden kann.

Aber er geht Gemeinsamkeit ein mit dem, was zwar nicht physisch ist, was aber das Physische in Vorgänge, in Geschehnisse umsetzt. Es sind dies die rhythmischen Vorgänge in Natur und Menschenleben. In der Natur wechseln rhythmisch Tag und Nacht, folgen rhythmisch Jahreszeiten und so weiter. Im Menschen erfolgt das Atmen und die Blutzirkulation im Rhythmus. Es geht so der Wechsel von Schlafen und Wachen vor sich und so weiter.

Rhythmische Vorgänge sind weder in der Natur noch im Menschen etwas Physisches. Man könnte sie halbgeistig nennen. Das Physische als Ding verschwindet im rhythmischen Vorgang. Im Erinnern ist der Mensch mit seinem Wesen in *seinen* und in den Naturrhythmus versetzt. Er lebt in seinem Astralleib.

Indischer Yoga will ganz in dem Erleben des Rhythmus aufgehen. Er will das Gebiet des Vorstellens, des Ich verlassen und in einem inneren Erleben, das dem Erinnern ähnlich ist, in die Welt schauen, die hinter dem liegt, was das gewöhnliche Bewusstsein kennen kann.

Das westliche Geistesleben darf zum Erkennen das Ich nicht unterdrücken. Es muss das Ich an die Wahrnehmung des Geistigen heranbringen.

Es kann das *nicht* geschehen, wenn man von der sinnenfälligen in die rhythmische Welt so vordringt, dass man im Rhythmus nur das Halbgeistigwerden des Physischen erlebt. Man muss vielmehr *die* Sphäre der Geisteswelt finden, die im Rhythmus sich offenbart.

Zweierlei ist also möglich. Erstens: Erleben des Physischen im Rhythmischen, wie dieses Physische halbgeistig wird. Es ist dies ein älterer, heute nicht mehr zu betretender Weg. Zweitens: Erleben der Geisteswelt, die den Weltrhythmus *in* und außerhalb des Menschen so zu ihrer Sphäre hat, wie der Mensch die Erdwelt mit ihren physischen Wesen und Vorgängen.

Zu *dieser* Geisteswelt nun gehört alles, was im gegenwärtigen kosmischen Augenblick durch Michael geschieht. Ein Geist wie Michael bringt dasjenige, was sonst im luziferischen Gebiet liegen würde, dadurch in das der rein menschlichen Entwicklung – die von Luzifer nicht beeinflusst ist –, dass er die rhythmische Welt zu seinem Wohnplatz erwählt.

Angeschaut kann das alles werden, indem der Mensch in die Imagination eintritt. Denn die Seele lebt mit der

Imagination im Rhythmus, und Michaels Welt ist diejenige, die im Rhythmus sich offenbart.

Erinnerung, Gedächtnis steht schon in dieser Welt drinnen, aber noch nicht tief. Das gewöhnliche Bewusstsein erlebt davon nichts. Tritt man aber in die Imagination ein, dann taucht aus der Rhythmuswelt zunächst die Welt der subjektiven Erinnerungen auf. Diese geht aber sogleich über in die im Ätherischen lebenden, von der göttlich-geistigen Welt geschaffenen Urbilder für die physische Welt. Den in kosmischen Bildern aufleuchtenden, das Weltschaffen in sich bergenden Äther erlebt man. Und die in diesem Äther webenden Sonnenkräfte: Die sind da nicht bloß strahlend, die zaubern Welturbilder aus dem Licht heraus. Die Sonne erscheint als der kosmische Weltmaler. Sie ist das kosmische Gegenbild der Impulse, die im Menschen die Vorstellungs-(Denk-)bilder malen.

Goetheanum, Februar 1925.

***

Leitsätze 165-167

165. Der Mensch lebt zwar als denkendes Wesen in dem Bereich der physischen Erde, aber er geht mit dieser keine Gemeinsamkeit ein. Er lebt als Geisteswesen so, dass er das Physische wahrnimmt. Die Kräfte zum Denken empfängt er aber von der «geistigen Erde» auf demselben Weg, auf dem er das Schicksal im Ergebnis voriger Erdleben erlebt.

166. Was in der Erinnerung (im Gedächtnis) erlebt wird, das ist schon in der Welt, wo im Rhythmus das Physische halbgeistig wird und wo solche Geistesvorgänge sich abspielen, wie diejenigen sind, die im gegenwärtigen kosmischen Augenblick durch Michael geschehen.

167. Wer Denken und Erinnerung richtig kennenlernt, dem geht das Verständnis dafür auf, wie der Mensch als Erdwesen zugleich innerhalb des Erdgebiets lebt, aber doch nicht völlig in dieses Gebiet mit seinem Wesen eintaucht, sondern als außerirdisches Wesen durch die Gemeinsamkeit mit der «geistigen Erde» sein Selbstbewusstsein als die Vollendung des Ich sucht.

Das Goetheanum (Nachrichten), 22. März 1925

An die Mitglieder!

Gedächtnis und Gewissen

In dem schlafenden Zustand ist der Mensch an den Kosmos hingegeben. Er trägt dem Kosmos entgegen, was er beim Heruntersteigen aus der geistig-seelischen Welt in die irdische als Ergebnis voriger Erdleben hat. Er entzieht diesen Inhalt seines Menschenwesens dem Kosmos während des Wachens.

In diesem Rhythmus: Hingabe an den Kosmos und sich dem Kosmos entziehen verläuft das Leben zwischen Geburt und Tod.

Das Entziehen gegenüber dem Kosmos ist zugleich ein Aufnehmen des geistig-seelischen Menschen durch die Sinnes-Nervenorganisation. Was in dieser als physische und Lebensvorgänge sich abspielt, mit dem vereinigt sich im Wachen das Geistig-Seelische des Menschen zu einer einheitlichen Wirkungsweise. In dieser Wirkungsweise ist Sinneswahrnehmung, Formung der Erinnerungsbilder, Fantasieleben enthalten. Diese Betätigungen sind an den physischen Leib gebunden. Die Vorstellungen, das Denkerleben, in denen dem Menschen *bewusst* wird, was halbbewusst in Wahrnehmung, Fantasie, Erinnerung sich abspielt, sind an die Denkorganisation gebunden.

In dieser eigentlichen Denkorganisation liegt auch das Gebiet, durch das der Mensch sein Selbstbewusstsein erlebt.

Die Denkorganisation ist eine Sternenorganisation. Lebte sie sich einzig *als solche* aus, dann trüge der Mensch in sich nicht ein Selbstbewusstsein, sondern ein Götterbewusstsein. Aber die Denkorganisation ist Sternenorganisation, herausgehoben aus dem Sternenkosmos und versetzt in das irdische Geschehen. Indem der Mensch die Sternenwelt im Irdischen erlebt, wird er ein selbstbewusstes Wesen.

Da hat man also das Gebiet des inneren Menschenlebens vor sich, in dem die göttlich-geistige Welt, die mit dem Menschen verbunden ist, ihn entlässt, damit er in vollem Sinne Mensch werden kann.

Aber gleich unterhalb der Denkorganisation, da wo Sinneswahrnehmung, Fantasie, Erinnerungsbildung sich vollziehen, *lebt* die göttlich-geistige Welt im Menschenleben *mit.* Man kann sagen, in der Gedächtnisentfaltung lebt das Göttlich-Geistige in dem wachenden Zustand des Menschen. Denn die beiden anderen Betätigungen, Sinneswahrnehmung und Fantasie, sind nur Modifikationen der Formung der Erinnerungsbilder. In der Sinneswahrnehmung ist die Bildung des Erinnerungsinhaltes in seiner Entstehung. In dem Inhalt der Fantasie leuchtet in der Seele auf, was sich von diesem Inhalt im Seelendasein erhält.

Der Schlafzustand trägt das Geistig-Seelische des Menschen in das Kosmische hinüber. Er ist da mit der Betätigung seines Astralleibes und seines Ich in den göttlich-geistigen Kosmos eingetaucht. Er ist nicht nur außerhalb der physischen, sondern auch außerhalb der Sternenwelt. Aber er ist innerhalb der göttlich-geistigen Wesen, durch die sein Dasein den Ursprung hat.

In dem gegenwärtigen Zeitpunkt der kosmischen Entwicklung wirken diese göttlich-geistigen Wesen so, dass sie den moralischen Weltinhalt während des Schlafzustandes in Astralleib und Ich einprägen. Alles Weltgeschehen im schlafenden Menschen ist reales moralisches Geschehen, kein Geschehen, das der Naturwirkung auch nur ähnlich genannt werden könnte.

Dieses Geschehen in seiner Nachwirkung trägt der Mensch aus dem schlafenden in den Wachzustand herüber. Diese Nachwirkung bleibt im schlafenden Zustand, denn der Mensch wacht nur in dem Leben, das dem Denkgebiet zugeneigt ist. Was in seiner Willenssphäre eigentlich vorgeht, das ist auch während des Wachens in solche Dumpfheit gehüllt wie während des Schlafes das *ganze* Seelenleben. Aber in diesem schlafenden Willensleben webt das Göttlich-Geistige im wachenden Zustand weiter. Der Mensch ist moralisch so gut oder so schlecht, als er es sein kann, je nach der Nähe, in die er schlafend zu den göttlich-geistigen Wesen kommen kann. Und er kommt näher, oder bleibt ferner, je nachdem seine früheren Erdleben in moralischer Richtung waren.

Aus den Tiefen des wachenden Seelenwesens tönt herauf, was sich während des Schlafens in Gemeinschaft mit der göttlich-geistigen Welt in dieses Seelenwesen hat einpflanzen können. *Was heraufklingt, ist die Stimme des Gewissens.*

So zeigt sich, wie dasjenige, was eine materialistische Weltansicht am meisten geneigt ist, bloß nach der Naturseite hin zu erklären, für die Geisteserkenntnis auf der moralischen Seite gelegen ist.

Im *Gedächtnis* wirkt im wachenden Menschen unmittelbar das göttlich-geistige Wesen. Im *Gewissen* wirkt im wachenden Menschen mittelbar – als Nachwirkung – dieses göttlich-geistige Wesen.

Gedächtnisbildung spielt sich in der Nerven-Sinnesorganisation ab. Gewissensbildung spielt sich als rein seelisch-geistiger Vorgang ab, aber in der Stoffwechsel-Gliedmaßenorganisation.

Zwischen beiden liegt die rhythmische Organisation. Diese ist nach zwei Seiten hin polarisch in ihrer Wirksamkeit ausgebildet. Sie ist als Atmungsrhythmus in inniger Beziehung zur Sinneswahrnehmung und zum Denken. In dem Lungenatmen ist der Vorgang am gröbsten. Er verfeinert sich und wird als verfeinertes Atmen sinnliches Wahrnehmen und Denken. Was noch dem Atmen ganz nahe steht, aber ein Atmen durch die Sinnesorgane, nicht durch die Lungen ist, das ist das sinnliche Wahrnehmen. Was dem Lungenatmen schon ferner ist und durch die Denkorganisation gestützt wird, das ist Vorstellen, Denken. Und was schon nach dem Rhythmus der Blutzirkulation hinüber grenzt, schon ein innerliches Atmen ist, das mit der Gliedmaßen-Stoffwechselorganisation sich verbindet, das offenbart sich in der Fantasietätigkeit.

Diese reicht dann seelisch in die Willenssphäre, wie der Zirkulationsrhythmus in die Stoffwechsel-Gliedmaßenorganisation reicht.

In der Fantasiebetätigung strebt die Denkorganisation an die Willensorganisation nahe heran. Es ist ein Untertauchen des Menschen in seine wachende Schlafsphäre des Willens. Es erscheinen daher bei Menschen, die in dieser Art organisiert sind, die Seeleninhalte wie Träume im Wachzustand. In Goethe lebte eine solche Menschenorganisation. Daher spricht er davon, dass ihm Schiller seine dichterischen Träume deuten müsse.

In Schiller selbst war die andere Organisation wirksam. Er lebte aus dem heraus, was er sich aus den vorigen Erdleben mitbrachte. Er musste zu einem starken Wollen den Fantasieinhalt suchen.

Auf Menschen, die nach der Fantasiesphäre hin veranlagt sind, sodass sich ihnen wie von selbst die Anschauung der sinnlichen Wirklichkeit in Fantasiebilder wandelt, zählt bei ihren Weltabsichten die ahrimanische Macht. Sie meint, mit Hilfe solcher Menschen die Entwicklung der Menschheit von der Vergangenheit ganz abschneiden zu können, um sie in eine Richtung zu bringen, die *sie* will.

Auf Menschen, die nach der Willenssphäre hin organisiert sind, die aber die sinnliche Anschauung in Fantasiebilder aus innerer Liebe zur idealen Weltanschauung kräftig gestalten, zählt die luziferische Macht. Sie möchte die Menschheitsentwicklung durch solche Menschen ganz in den Impulsen der Vergangenheit erhalten. Sie könnte dann die Menschheit vor dem Untertauchen in die Sphäre bewahren, in der die ahrimanische Macht überwunden werden muss.

Man steht im Erddasein in zwei polarischen Gegensätzen. Oben breiten sich die Sterne. Von da strahlen die Kräfte, die mit allem errechenbaren Regelmäßigen im Erddasein zusammenhängen. Regelmäßiger Tag- und Nachtwechsel, Jahreszeiten, längere Weltperioden, sie sind die irdische Spiegelung dessen, was Sternengeschehen ist.

Der andere Pol strahlt vom Inneren der Erde her. Unregelmäßiges lebt in ihm. Wind und Wetter, Donner und Blitz, Erdbeben, Vulkanausbrüche spiegeln dieses innere Erdgeschehen.

Der Mensch ist ein Abbild dieses Sternen-Erdseins. In seiner Denkorganisation lebt die Sternenordnung, in seiner Gliedmaßen-Willensorganisation lebt das Erdchaos. In der rhythmischen Organisation wird in freiem Ausgleich das irdische Menschenwesen erlebt.

Goetheanum, März 1925.

***

174. Der Mensch ist von zwei Seiten her geistig-leiblich organisiert. Erstens aus dem physisch-ätherischen Kosmos. Was in *diese* Organisation von göttlich-geistiger Wesenheit in die Menschenwesenheit hineinstrahlt, das lebt in dieser als Kraft der Sinneswahrnehmung, der Gedächtnisfähigkeit und der Fantasiebetätigung.

175. Zweitens ist der Mensch organisiert aus seinen vorangegangenen Erdleben heraus. Diese Organisation ist ganz geistig-seelisch und lebt im Menschen durch Astralleib und Ich. Was sich an göttlich-geistigen Wesenheiten in diese Menschenwesenheit hineinlebt, dessen Wirkung leuchtet als Gewissensstimme und alles, was damit verwandt ist, im Menschen auf.

176. In seiner rhythmischen Organisation hat der Mensch die fortdauernde Verbindung der beiden Seiten göttlich-geistiger Impulse. Im Erleben des Rhythmus wird die Gedächtniskraft in das Willenssein und die Gewissensmacht in das Ideensein getragen.

Das Goetheanum (Nachrichten), 12. April 1925

An die Mitglieder!

Von der Natur zur Unternatur

Man spricht davon, dass mit der Überwindung des philosophischen Zeitalters das *naturwissenschaftliche* in der Mitte des 19. Jahrhunderts heraufgezogen ist. Und man spricht auch so, dass dieses naturwissenschaftliche Zeitalter heute noch andauert, indem zugleich viele betonen, man habe sich zu gewissen philosophischen Intentionen wieder zurückgefunden.

Das alles entspricht den Erkenntniswegen, die die neuere Zeit eingeschlagen hat, nicht aber den *Lebenswegen.* Mit seinen Vorstellungen lebt der Mensch noch in der Natur, wenn er auch das mechanische Denken in die Naturauffassung hineinträgt. Mit seinem Willensleben aber lebt er in so weitem Umfang in einer Mechanik des technischen Geschehens, dass dies dem naturwissenschaftlichen Zeitalter seit Langem eine ganz neue Nuance gegeben hat.

Will man das menschliche Leben verstehen, so muss man es zunächst von zwei Seiten her betrachten. Aus den vorigen Erdleben bringt sich der Mensch die Fähigkeit mit, das Kosmische aus dem Erdumkreis und das im Erdbereich wirkende vorzustellen. Er nimmt durch die Sinne das auf der Erde wirksame Kosmische wahr, und er denkt durch seine Denkorganisation das aus dem Erdumkreis auf die Erde hereinwirkende Kosmische.

So lebt er durch seinen physischen Leib im Wahrnehmen, durch seinen Ätherleib im Denken.

Das, was in seinem astralischen Leib und in seinem Ich vor sich geht, waltet in verborgeneren Regionen der Seele. Es waltet zum Beispiel im Schicksal. Aber man muss es zunächst nicht in den komplizierten Schicksalszusammenhängen, sondern in den elementarischen, einfachen Lebensvorgängen aufsuchen.

Der Mensch verbindet sich mit gewissen Erdkräften, indem er seinen Organismus in diese Kräfte hineinorientiert. Er lernt aufrecht stehen und gehen, er lernt mit seinen Armen und Händen sich in das Gleichgewicht der irdischen Kräfte hineinstellen.

Nun sind *diese* Kräfte keine solchen, die vom Kosmos hereinwirken, sondern die *bloß* irdisch sind.

In Wirklichkeit ist nichts eine Abstraktion, was der Mensch erlebt. Er durchschaut nur nicht, woher das Erlebnis kommt, und so bildet er aus Ideen über Wirklichkeiten Abstraktionen. Der Mensch redet von der mechanischen Gesetzmäßigkeit. Er glaubt, sie aus den Naturzusammenhängen heraus abstrahiert zu haben. Das ist aber nicht der Fall, sondern alles, was der Mensch an rein mechanischen Gesetzen in der Seele erlebt, ist an seinem Orientierungsverhältnis zur Erdwelt (an seinem Stehen, Gehen und so weiter) innerlich erfahren.

Damit aber kennzeichnet sich das Mechanische als das rein Irdische. Denn das Naturgesetzmäßige in Farbe, Ton, etc. ist im Irdischen aus dem Kosmos zugeflossen. Erst im Erdbereich wird auch dem Naturgesetzmäßigen das Mechanische eingepflanzt, wie ihm der Mensch mit seinem eigenen Erleben erst im Erdbereich gegenübersteht.

Das weitaus Meiste dessen, was heute durch die Technik in der Kultur wirkt und in das er mit seinem Leben im höchsten Grad versponnen ist, das ist *nicht Natur,* sondern *Unternatur.* Es ist eine Welt, die sich nach unten hin von der Natur emanzipiert.

Man sehe, wie der Orientale, wenn er nach dem Geist strebt, herauszukommen sucht aus den Gleichgewichtszuständen, die bloß vom Irdischen kommen. Er nimmt eine Meditationsstellung ein, die ihn in das bloße kosmische Gleichgewicht hineinbringt. Die Erde wirkt dann nicht mehr auf die Orientierung seines Organismus. (Dies sei nicht zur Nachahmung, sondern nur zur Verdeutlichung des hier Vorgebrachten gesagt. Wer meine Schriften kennt, weiß, wie sich in dieser Richtung östliches und westliches Geistesleben unterscheiden.)

Der Mensch brauchte die Beziehung zu dem bloß Irdischen für seine Bewusstseinsseelenentwicklung. Da kam denn in der neuesten Zeit die Tendenz zustande, überall auch im Tun das zu verwirklichen, in das sich der Mensch einleben muss. Er trifft, indem er sich in das bloß Irdische einlebt, das Ahrimanische. Er muss sich mit seinem eigenen Wesen in das rechte Verhältnis zu diesem Ahrimanischen bringen.

Aber es entzieht sich ihm in dem bisherigen Verlauf des technischen Zeitalters noch die Möglichkeit, auch gegenüber der ahrimanischen Kultur das rechte Verhältnis zu finden. Der Mensch muss die Stärke, die innere Erkenntniskraft finden, um von Ahriman in der technischen Kultur nicht überwältigt zu werden. Die Unternatur muss als solche begriffen werden. Sie kann es nur, wenn der Mensch in der geistigen Erkenntnis mindestens gerade so weit hinaufsteigt zur außerirdischen Übernatur, wie er in der Technik in die Unternatur heruntergestiegen ist. Das Zeitalter braucht eine *über* die Natur gehende Erkenntnis, weil es innerlich mit einem gefährlich wirkenden Lebensinhalt fertig werden muss, der unter die Natur heruntergesunken ist. Es soll hier natürlich nicht etwa davon gesprochen werden, dass man zu früheren Kulturzuständen wieder zurückkehren soll, sondern davon, dass der Mensch den Weg finde, die neuen Kulturverhältnisse in ein rechtes Verhältnis zu sich und zum Kosmos zu bringen.

Heute fühlen noch die wenigsten, welche bedeutsamen geistigen Aufgaben sich da für den Menschen herausbilden. Die Elektrizität, die nach ihrer Entdeckung als die Seele des natürlichen Daseins gepriesen wurde, sie muss erkannt werden in *ihrer* Kraft, von der Natur in die Unternatur hinabzuleiten. Es darf der Mensch nur nicht mitgleiten.

In der Zeit, in der es eine von der eigentlichen Natur unabhängige Technik noch nicht gab, fand der Mensch den

Geist *in* der Naturanschauung. Die sich unabhängig machende Technik ließ den Menschen auf das Mechanistisch-Materielle als das für ihn nun wissenschaftlich Werdende hinstarren. In diesem ist nun alles Göttlich-Geistige, das mit dem Ursprung der Menschheitsentwicklung zusammenhängt, abwesend. Das rein Ahrimanische beherrscht diese Sphäre.

In einer Geistwissenschaft wird nun die andere Sphäre geschaffen, in der ein Ahrimanisches gar nicht vorhanden ist. Und gerade durch das erkennende Aufnehmen derjenigen Geistigkeit, zu der die ahrimanischen Mächte keinen Zutritt haben, wird der Mensch gestärkt, um *in der Welt* Ahriman gegenüberzutreten.

Goetheanum, März 1925.

***

Leitsätze 183-185

183. Im naturwissenschaftlichen Zeitalter, das um die Mitte des 19. Jahrhunderts beginnt, gleitet die Kulturbetätigung der Menschen allmählich nicht nur in die untersten Gebiete der Natur, sondern *unter* die Natur hinunter. Die Technik wird Unternatur.

184. Das erfordert, dass der Mensch erlebend eine Geisteserkenntnis finde, in der er sich ebenso hoch in die Übernatur erhebt, wie er mit der unternatürlichen technischen Betätigung unter die Natur hinuntersinkt. Er schafft dadurch in seinem Inneren die Kraft, *nicht* unterzusinken.

185. Eine frühere Naturanschauung barg noch den Geist in sich, mit dem der Ursprung der menschlichen Entwicklung verbunden ist. Allmählich ist dieser Geist aus der Naturanschauung geschwunden, und der rein ahrimanische ist in sie eingezogen und von ihr in die technische Kultur übergeflossen.

Auf dem Weg vom Bewusstsein zum Geist

(Nachwort von Pietro Archiati)

Man kann aus verschiedenen Gründen von einer Sonderstellung der Anthroposophie in der modernen Menschheit sprechen. Sie baut auf der Naturwissenschaft auf, indem sie deren Methode in der Forschung der sinnlich-wahrnehmbaren Welt voll würdigt. Gleichzeitig erhebt sie aber den Anspruch, ebenso objektiv-wissenschaftlich die geistige Welt zu erforschen, die nicht weniger vielschichtig als die materielle Welt ist. Das schafft ihr in der modernen Kultur zugleich eine schwierige Stellung, insoweit die herrschende akademische Welt auf der stillschweigenden Einigung beruht, dass eine wissenschaftliche Erkenntnis geistiger Wirklichkeit – falls es eine solche gibt – nicht möglich ist.

Es liegt zudem in der Natur der Anthroposophie, nicht nur für das persönliche oder private Leben eine Bedeutung zu haben. Sie erfüllt ihre Aufgabe nur, wenn sie das ganze Leben ergreift, wenn sie auch in der Gestaltung des sozialen Organismus kulturprägend wirkt. Sie weist auf die Tatsache hin, dass eine materialistische Lebensweise Menschenleid und Umweltzerstörung ohne Ende verursacht. Der alte Glaube an den Geist hat seine Stoßkraft für das Gemüt des Menschen und für das soziale Leben verloren. Eine ähnliche Stoßkraft wird für den modernen Menschen nur eine wissenschaftliche Erkenntnis des Geistigen erzeugen können. Die Pädagogik, die Medizin, die Landwirtschaft, alle

Fortsetzung S. 115

Der Weg Rudolf Steiners vom Bewusstsein zum Geist

Handgeschriebene Notizen Rudolf Steiners aus dem Jahr 19
(*Anthroposophie*, 9. Jg., Nr. 39, 25.9.1927, S. 15

«**1.** Geisteswissenschaft ist etwas anderes als das, was man aus ihr macht

2. Ihre Quellen: der ganze Mensch als Sinnesorgan;
dadurch so wie etwa das Auge. –
Das Denken wird zur Imagination. – Die Sinnesanschauung ausgelöscht –
der Wille in die geistige Außenwelt verlegt.
Das Bewußtsein über den physischen Menschen hinaus erweitert.
Dieser ist dann *ein Teil* des Menschen.
In diesem neuen Menschen muß erst das ‹Ich› herangebildet werden.
Dieser Mensch hat keinen Bezug zur physischen Außenwelt
als nur so wie das Licht, das auf die Dinge scheint.

3. Es kommt nun der Wille als Gefühl zunächst hinein,
damit das ‹Astrale›, das ‹Bildsein› ‹Schwere›, ‹Gewicht› bekommt;
aber erst wie die Luft.
Man erhält Zusammenhang mit einer objektiven geistigen Außenwelt.
Da gibt die Welt die ‹Ideen›. – Aber diese Ideen sind lebendig.

4. Man lebt sich ein in eine Welt, in der das ‹Ich› wirklich vorhanden is
In der Imagination bemerkt man das Ich als Bild,
in der Inspiration als Wesen, das vor der Geburt lebt,
in der Intuition in den wiederholten Leben.

5. Mit dem ‹Denken› sperrt man sich gegen das Aufgesogenwerden
durch die Außenwelt. – Man würde sonst in ihr verschwimmen.
Das Denken ist ein Akt der Antipathie – auch im Erinnern.

6. Man soll nicht glauben, daß alle ‹Hellseher› werden können;
ebenso wenig wie alle ‹Schneider›. –
Aber alle können bemerken, wie ihnen die Kleider passen –
und wie sie dann mit der Welt verkehren können.

7. Aber da sind es nicht die Kleider, sondern was drinnen ist.

8. Man könnte einwenden, daß man das erst haben kann, wenn man
es ‹selbst› entwickelt. – Diese Forderung ist dieselbe, wie wenn man
sein eigener Vater sein woll[t]e.»

Lebensbereiche können eine neue Gestalt erlangen, wenn der Mensch nicht nur als Bewusstseinsträger, sondern als Geist gesehen und geachtet wird.

Eine solche Sonderstellung der Anthroposophie hat auch ihre paradoxe Seite. Obwohl sie Anspruch auf Gültigkeit für alle Menschen erhebt, sind die Inhalte der Anthroposophie von einem einzigen Menschen zutage gefördert worden. Rudolf Steiner hat immer wieder betont, dass der Weg vom Bewusstsein zum Geist allen Menschen offen steht, aber er hat zugleich darauf hingewiesen, dass es ganz und gar nicht besser wäre, wenn möglichst viele oder gar alle Menschen die geistige Welt unmittelbar wahrnehmen würden – so, wie es nicht besser wäre, wenn alle Menschen Schneider wären (s. S. 114). Denn es könnte dann kein Mensch etwas anderes tun, es könnte kein Mensch überhaupt leben. Kleider schneidern tut einer für die anderen, Kleider tragen tut jeder für sich; im Geistigen forschen tut einer für die anderen, das Erforschte studieren und anwenden tut jeder für sich. Deshalb hat Rudolf Steiner auch immer wieder betont, dass der gesunde Menschenverstand alle Inhalte der Anthroposophie nachvollziehen kann. An ihrer Auswirkung auf Welterkenntnis und Lebensgestaltung kann sie jeder prüfen.

In Anknüpfung an die Psychoanalyse und unter besonderer Bezugnahme auf Aristoteles soll im Folgenden die Stellung der Anthroposophie anhand von Gedächtnis und Erinnerung als «Kernkraft» des Ich-Geistes dargestellt werden.

Fortsetzung S. 117

C. G. Jung: Bewusstsein oder «Seele»?

«Wennschon die Aussagen des *Bewußtseins* Täuschungen, Lügen und sonstige Willkürlichkeiten sein können, so ist dies mit den Aussagen der *Seele* keineswegs der Fall: sie gehen zunächst immer über unseren Kopf hinweg, indem sie auf bewußtseinstranszendente Wirklichkeiten verweisen. Diese entia [Wesen] sind die Archetypen des kollektiven Unbewußten, welche Vorstellungskomplexe in der Art mythologischer Motive verursachen. Vorstellungen dieser Art werden nicht erfunden, sondern treten z.B. in Träumen als fertige Gebilde in die innere Wahrnehmung. Es sind spontane Phänomene, die unserer Willkür entzogen sind, und man ist daher berechtigt, ihnen eine gewisse Autonomie zuzuschreiben. Sie sind deshalb nicht nur als Objekte zu betrachten, sondern auch als eigengesetzliche Subjekte. Man kann sie natürlich vom Standpunkt des Bewußtseins aus als Objekte beschreiben und ... erklären, wie man einen lebenden Menschen ... beschreiben und erklären kann. Man muß dabei allerdings von ihrer Autonomie absehen. Zieht man letztere aber in Betracht, so müssen sie notgedrungenerweise als Subjekte gehandhabt werden, d. h. es muß ihnen Spontaneität und Absichtlichkeit, bzw. eine Art von Bewußtsein und von liberum arbitrium [freiem Willen] zuerkannt werden. Man beobachtet ihr Verhalten und berücksichtigt ihre Aussagen. ...

Man kann sich ... die Wirklichkeit Gottes nicht anders vor Augen führen, als unter Benützung meist spontan entstandener oder durch Tradition geheiligter Bilder, deren psychische Natur und Wirkung der naive Verstand noch nie von deren unerkennbarer metaphysischer Grundlage getrennt hat.» (C. G. Jung, *Antwort auf Hiob,* Zürich 1952, S. 9-10).

Psychoanalytiker haben manchem Naturwissenschaftler das voraus, so führt Rudolf Steiner aus, dass sie in den Erlebnissen der Seele etwas sehen, was eine gewisse Unabhängigkeit vom Körper hat. Was im physischen Organismus geschieht, genügt für sie nicht, um zu erklären, was in der Seele erlebt wird. Und weil auch der Psychoanalytiker als moderner Mensch in seinem Bewusstsein nur Bilder und keine Wirklichkeit erlebt, so sagt er sich: Es muss ein wirkliches «Unbewusstes» geben, das sich für sein Wirken so des Körpers bedient, wie der Mensch sich eines Werkzeugs für seine Arbeit bedient. In diesem Unbewussten sieht die Psychoanalyse alles gespeichert, was der Mensch in der Vergangenheit erlebt hat. Das Vergangene entfaltet, dem Menschen unbewusst, eine eigene Wirksamkeit, die sich vielfach auch auf den Körper auswirkt.

In der Auseinandersetzung mit C. G. Jung wird von Rudolf Steiner besonders dessen Aussage hervorgehoben, dass die Frage nach der Existenz Gottes «zu den dümmsten Fragen» (s. S. 45) gehört, die man stellen kann. Dieselbe Frage gilt auch für die Existenz von Jungs «Archetypen». Dies mag die Tatsache erklären, dass Jung schon in der 3. Auflage seines Buches vorsichtiger wird und schreibt, dass die Frage der Existenz Gottes eine ist, die «der menschliche Intellekt niemals beantworten» kann (s. S. 45, Fußnote). Im weiteren Verlauf seines Lebens sind ihm dann die Archetypen zu einer solch handfesten Wirklichkeit geworden, dass er mit

77 Jahren im Buch *Antwort auf Hiob* (s. S. 116) von ihnen gar als von «Subjekten» spricht, die einen freien Willen haben und eigenmächtig handeln können. Er stellt «Seele» und «Bewusstsein» als zwei Gegensätze dar: Im Bewusstsein können allerlei Täuschungen und Illusionen sein, aber die Inhalte der Seele, die Archetypen, weisen auf «transzendente Wirklichkeiten» hin.

Was Rudolf Steiner das «größte Dilemma der Gegenwart» (s. S. 45) nennt, bezieht sich auf die Tatsache, dass im normalen Bewusstsein des heutigen Menschen nur Spiegelbilder erlebt werden, die keine Wirklichkeit haben. Solange der Mensch von den Seelenphänomenen nur die Vorstellungen kennt, die er sich von ihnen im Bewusstsein bildet, haben auch Jungs Archetypen, die in der Seele «drinnen» sein sollen, mit den alten Göttern und Dämonen «da draußen» das gemeinsam, dass beide gleichermaßen «jenseits» des Bewusstseins ihr Dasein fristen. Das ist nicht anders, als wenn der Naturwissenschaftler aus seinen bewussten Vorstellungen über die materielle Welt auf die Existenz von «Atomen» oder von «dunkler Materie» schließt. Dies erklärt auch die Tatsache, dass der Begriff des «Unbewussten» ein rein negativer ist. Von ihm weiß der Mensch in seinem Bewusstsein nur, was es nicht ist: dass es *nicht* bewusst ist.

Ob das, was jenseits des Bewusstseins liegt, «dunkle Materie», «Gott» oder «Archetypen» genannt wird, ist nebensächlich. In jedem Fall wird an etwas geglaubt, was jenseits des Bewusstseins liegend gedacht ist. Selbst der Aufklärungsfürst Immanuel Kant, der vom unerkennbaren «Ding an sich» spricht, bekennt sich als Glaubender, indem er in der Vorrede zur 2. Auflage seiner *Kritik der reinen Vernunft* schreibt: «Ich mußte also das *Wissen* aufheben, um zum *Glauben* Platz zu bekommen».

«Wer das verlor, was du verlorst ...»

In den Vorträgen über Psychoanalyse geht Rudolf Steiner auf den Fall Nietzsche ein – im zweiten Vortrag ausführlich. Vielleicht hat kein Mensch so tief wie Nietzsche darunter gelitten, dass das moderne Bewusstsein alle Wirklichkeit verloren hat, dass der Mensch in ihm nur noch leere, inhaltlose Spiegelbilder erlebt. Im Erleben dieses Schmerzes ruft Nietzsche im Gedicht «Vereinsamt» (s. S. 120) aus: «Wer das verlor, was du verlorst, macht nirgends halt.» Damit verrät er nicht nur ein Bewusstsein davon, dass der moderne Mensch alles verloren hat: Bedeutsamer noch rumort in ihm auch eine Ahnung davon, dass der Mensch unmöglich bei dieser Leere stehenbleiben kann, dass er «nirgends halt» machen wird. Und in der Tat: Unaufhaltsam strebt der Nietzsche-Mensch danach, den «Quer-Verstand» des leeren Bewusstseins zu überwinden, der an der materiellen Welt klebt und sich zu dem schöpferischen Geist querstellt.

Der damalige Zuhörer, der heutige Leser bekommt von Rudolf Steiner gesagt: Wer in der Fortentwicklung des

Fortsetzung S. 121

Nr. 45 *Das Magazin für Litteratur,* 10.11.1894 Das Magazin

«Mitleid hin und her»: I. «Vereinsamt» (erstveröffentlicht 1894 im *Magazin für Litteratur*); II. «Antwort»

Vereinsamt. (1884).

Die Krähen schrein
Und ziehen schwirren Flugs zur Stadt:
Bald wird es schnein —
Wohl dem, der jetzt noch — Heimat hat!

Nun stehst du starr,
Schaust rückwärts, ach! wie lange schon!
Was bist du Narr
Vor Winters in die Welt — entflohn?

Die Welt ein Tor
Zu tausend Wüsten stumm und kalt!
Wer das verlor,
Was du verlorst, macht nirgends halt.

Nun stehst du bleich,
Zur Winter-Wanderschaft verflucht,
Dem Rauche gleich,
Der stets nach kältern Himmeln sucht.

Flieg, Vogel, schnarr
Dein Lied im Wüsten-Vogel-Ton! —
Versteck, du Narr,
Dein blutend Herz in Eis und Hohn!

Die Krähen schrein
Und ziehen schwirren Flugs zur Stadt:
Bald wird es schnein —
Weh dem, der keine Heimat hat!

II. Antwort

Daß Gott erbarm'!
Der meint, ich sehnte mich zurück
In's deutsche Warm,
In's dumpfe deutsche Stuben-Glück!

Mein Freund, was hier
Mich hemmt und hält, ist *dein* Verstand,
Mitleid mit *dir!*
Mitleid mit deutschem Quer-Verstand!

Bewusstseins «nirgends halt» macht, der wird eines Tages durch eigenes Wahrnehmen und Denken erkennen können, wie der verstorbene Richard Wagner von der geistigen Welt aus Nietzsche so beschützt, dass dieser, der alles verloren hat, um von einer noch finstereren Umnachtung bewahrt zu werden, auch den Verstand verliert und wahnsinnig wird.

Und was meint Nietzsche, wenn er vom «Stuben-Glück» schreibt, das ihn ins tiefste Unglück gestürzt hat? Ist es nicht die Welt des modernen intellektualistischen Menschen, der von der Wirklichkeit nur die Vorstellungen kennt, die sein Bewusstsein erzeugt – sein «Oberstübchen», wie die deutsche Sprache so pfiffig zu sagen pflegt? Hätte der gute alte Jung auf das hören können, was ihm der verstorbene, längst dem «deutschen Stuben-Glück» entflohene Nietzsche zu sagen hatte, hätte sich Nietzsche bestimmt gefreut, von ihm gehört zu werden:

> *Wenn Sie, lieber Herr Jung, allen Ernstes ihre Archetypen als Subjekte bezeichnen, die einen freien Willen haben, dann sollte es doch auch möglich sein, sich mit ihnen irgendwo zu treffen, ihnen die Hand zu reichen und sie zu fragen, wie es ihnen geht? Es müsste auch möglich sein, mit solchen alten, archaischen Typen ein Interview zu führen, um von ihnen direkt zu erfahren – objektiv-wissenschaftlich recherchiert –, wer sie sind, was sie mit den Menschen treiben? Ich würde sie meinerseits*

gerne fragen, in welchen Gemächern des menschlichen Unbewussten sie genau untergebracht sind. Mich würde auch interessieren, von ihnen zu hören, was sie während der Nacht tun, wenn sich der Mensch selbst im Unbewussten aufhält. Was Sie da, lieber Herr Jung, über Ihre Archetypen schreiben, ist doch alles nur in Ihrem Kopf, es ist alles nur von Ihnen ausgedacht. Wären Sie bereit, sich darüber unterrichten zu lassen, wie wir, die wir bei Ihnen als tot gelten, mit Ihren Archetypen als geistigen Subjekten im Gespräch sind?

Der Schritt vom Spiegelbild zum Siegelbild

Es muss für jeden ernsten Wissenschaftler als ein unlösbares Rätsel gelten, wie Erinnerung zustande kommt. Das Vorstellungsbild des Hauses, das ich gerade wahrnehme, ist dem Spiegelbild meines Gesichts vergleichbar, das ich im Spiegel sehe. Gehe ich vom Spiegel weg, so bleibt vom Spiegelbild nichts übrig. Gehe ich vom Haus weg, so bleibt in mir vom Haus ein Vorstellungsbild, das wie das Spiegelbild nichts von Wirklichkeit enthält. Wie kommt es, wenn ich später fern vom Haus an das Haus denke, dass das Bild des Hauses – wie aus dem Nichts – wieder auftaucht? Ist dieses Bild des Hauses das alte, oder ist es ein neues?

Zu denken, dass das ursprüngliche Vorstellungsbild, das in mir beim Wahrnehmen des Hauses entstanden ist, in irgendeinem «Kasten» aufbewahrt wird, aus dem ich es später hervorhole, ist so grotesk wie zu behaupten, dass das Spiegelbild meines Gesichts irgendwo in mir *als Bild* untergebracht ist, und dass ich es später ohne Spiegel *als dasselbe Bild* wieder «hervorhole». Keine Neurobiologie der Welt, die den physischen Körper in allen, auch den kleinsten Teilen und Prozessen genau untersucht, wird nachweisen können, wie ein realitätsloses Spiegelbild so real aufbewahrt werden kann, dass es später sozusagen unversehrt wieder auftaucht.

Der Psychoanalytiker stellt sich vor, dass die Archetypen dem Unbewussten so eingeprägt, so eingedruckt sind wie die Buchstabentypen einem Buch. Arché heißt auf Griechisch Ursprung, Beginn; Typos heißt wörtlich Einprägung, Einzeichnung, Eingravierung. Das Gedächtnis des Patienten wird erforscht mit der Überzeugung: Alles, was dieser Mensch bis jetzt erlebt hat, hat sich in seine Psyche eingeprägt, ist in ihr gespeichert. Es wirkt «unbewusst» fort und kann zu jeder Zeit wahrgenommen, das heißt, ins Bewusstsein geholt werden.

Der erste Schritt auf dem Weg vom Bewusstsein zum Geist, vom leeren Spiegelbild zur Wirklichkeit, liegt in der Besinnung auf den Unterschied zwischen Spiegelbild und Siegelbild. Nur wenn ein Bild eine reale Spur, etwa einen Siegelabdruck von sich hinterlässt, kann dieser nachträglich wahrgenommen werden. Die wichtige Frage der Erinnerung ist also: Wie wird ein Spiegel- oder Vorstellungsbild

Fortsetzung S. 125

Der Tierinstinkt: Eine «Speicherung» in der Luft?

««The doctrine of Reminiscence declared and illustrated by Sokrates in the Platonic Menon (πᾶσα μάθησις ἀνάμνησις) bears much analogy to the Development-Hypothesis espoused by Mr. Herbert Spencer; an extension and special application of the large views opened by Mr. Darwin respecting the origin of species. Each individual animal is assumed to begin existence with a large stock of congenital predispositions and aptitudes engrained in its nervous system as the result of an 'infinitude of past experiences' – not indeed of its own but of its progenitors. Hence arise all its instincts, and many of its mental combinations which go beyond instinct. See Mr. Spencer's Psychology, pp. 577-583-619.»» (*Aristotle's Psychology,* Translated with introduction and notes by W. A. Hammond, London 1902, S. 195-196).

«Die Auffassung der Erinnerung, wie sie von Sokrates in Plantons *Menon* vertreten und erläutert wird – pasa mathesis anamnesis: Alles Lernen ist ein Erinnern –, ist sehr verwandt mit der Evolutionshypothese, die sich Herbert Spencer zu eigen gemacht hat. Diese ist eine Fortsetzung und eine besondere Anwendung der breiteren Sichtweise, die Charles Darwin über den Ursprung der Arten eröffnet hat. Sie nimmt an, dass jedes einzelne Tier mit einem komplexen Fonds von eingeborenen Prägungen und Fertigkeiten geboren wird, die seinem Nevensystem als der Niederschlag einer ‹Unendlichkeit von vergangenen Erfahrungen› eingeprägt sind, welche Erfahrungen nicht nur seine eigene, sondern auch die seiner Vorfahren sind. Von dort stammen alle seine Instinkte und viele seiner Ideenassoziationen, die über den Instinkt hinausgehen. vgl. Herbert Spencer, *Psychology,* S. 577-583-619.»

zu etwas, was fortbesteht? Wie kommen Bewusstseinsbilder dazu, nicht nur vorübergehende Spiegelbilder zu sein, sondern einen dauernden Seinscharakter zu haben? Wie wird das Spiegelbild eines Gesichts zu einem Siegelbild, zu einem Dauerbild gemacht? Und die schlichte Antwort lautet: Wir malen das Gesicht oder wir machen ein Foto davon! Ein gemaltes Gesicht bleibt bestehen, auch wenn man aufhört, das Gemalte anzuschauen.

Aus der Tatsache, dass der Mensch Erinnerungsvorstellungen hat, die er immer wieder abrufen kann, muss man schließen, dass bei jeder Wahrnehmung gleichzeitig mit dem Entstehen eines vorübergehenden Spiegelbildes auch eine Art «gemaltes» Bild dem Menschen eingeprägt wird, das beim Sicherinnern erneut wahrgenommen wird. Und daraus lässt sich außerdem schließen, dass es einen «Träger» geben muss, auf dem ein solches Malen oder Zeichnen erfolgt. Dieser Träger muss ganz anders geartet sein als das Nervensinnessystem, das nur vorübergehende Spiegel- oder Vorstellungsbilder erzeugen kann.

In einen solchen Träger können auch Jungs Archetypen «eingetippt», eingedruckt sein. Das deutsche Wort Ge-dächtnis deutet auf einen Gedankenträger hin, dem das Denken all seine Gedankenschöpfungen, all das von ihm «Gedachte», eingeprägt hat. Es ist eine ähnliche Wortprägung wie Ge-bräu als Gesamtheit dessen, was gebraut wird, oder wie Ge-röll als Gesamtheit dessen, was abwärts gerollt ist. Ähnliches gilt

Fortsetzung S. 127

Aristoteles: Empfindungsorganismus und Gedächtnis

[451a 14-17]
s. S. 167

Τί μὲν οὖν ἐστι μνήμη
ti men oun esti mneme
Was (so) (denn) ist (das) Gedächtnis

καὶ τὸ μνημονεύειν, εἴρηται,
kai to mnemoneuein eiretai
und das gedächtnisbewegte Handeln, (davon ist) gesagt,

ὅτι φαντάσματος,
hoti phantasmatos
dass (es) des Vorstellungsbildes,

ὡς εἰκόνος οὗ φάντασμα,
hos eikonos hou phantasma
als (des) Gemäldes (von dem), dessen Vorstellung (es ist),

ἕξις,
hexis
Dauerwirksamkeit (ist),

καὶ τίνος μορίου τῶν ἐν ἡμῖν,
kai tinos moriou ton en hemin
und von welchem Teil der (Teile) in uns,

ὅτι τοῦ πρώτου αἰσθητικοῦ
hoti tou protou aisthetikou
dass (es) des ersten Empfindungsleibes (ist),

καὶ ᾧ χρόνου αἰσθανόμεθα.
kai ho chronou aisthanometha
mit dem wir auch die Zeit empfinden.

«Was das Gedächtnishaben und das gedächtnisbewirkte Han deln ist, davon ist gesagt, dass es die fortdauernde Wirksam keit (ἕξις, lat.: habitus) der Vorstellung ist, insoweit diese ei Abdruck dessen ist, von dem sie eine Vorstellung ist; auch (is gesagt,) zu welchem der Teile (Wesensglieder) (diese) gehör die in uns sind: dass sie dem ersten (gemeinsamen) Empfin dungsleib (angehört), mit dem wir auch die Zeit wahrnehmen.

für Ge-sicht, Ge-hör, Ge-schmack und Ge-fühl: Sie stellen die in einem dafür geeigneten Träger gespeicherte Gesamtheit alles Gesehenen, Gehörten, Geschmeckten und Gefühlten dar. Was wir bei den Tieren «Instinkt» nennen, ist nichts anderes als der dauerhaft wirkende «Niederschlag» all dessen, was das Tier in seiner langen Entwicklung erlebt hat. Auch ein solcher Niederschlag, eine solche Speicherung (s. S. 124) setzt einen Träger voraus, der ganz anders als der physische Organismus des Tieres geartet ist.

Aristoteles führt in seiner kleinen Schrift *Gedächtnis und Erinnerung* (Περὶ μνήμης καὶ ἀναμνήσεως, peri mnemes kai anamneseos, s. Anhang S. 157-191) aus, dass bei jeder Wahrnehmung ein vorübergehendes Vorstellungsbild im Bewusstsein entsteht, aber gleichzeitig damit ein dauerndes Siegelbild oder ein Abdruck dem eingeprägt wird, was er Empfindungsleib (τὸ αἰσθητικόν, to aisthetikon, S. 126) nennt. Das Tier ist nicht weniger als der Mensch mit einem solchen «Gedächtnisleib» ausgestattet. So grotesk wie es ist, alle Kräfte des instinktiven Verhaltens im physischen Organismus des Tieres «gespeichert» zu denken, so zwingend ist es, anzunehmen, dass ein nicht-materieller Kräfteorganismus im Tier vorhanden sein muss, der es zum instinktiven Verhalten bewegt. In diesem Zusammenhang gebraucht Aristoteles auch das Bild des Siegel- oder Fingerrings (s. S. 163), dessen Form dem Finger oder dem Wachs dauerhaft eingeprägt bleibt.

Fortsetzung S. 129

Rudolf Steiner: Im Ätherleib schreiben und lesen

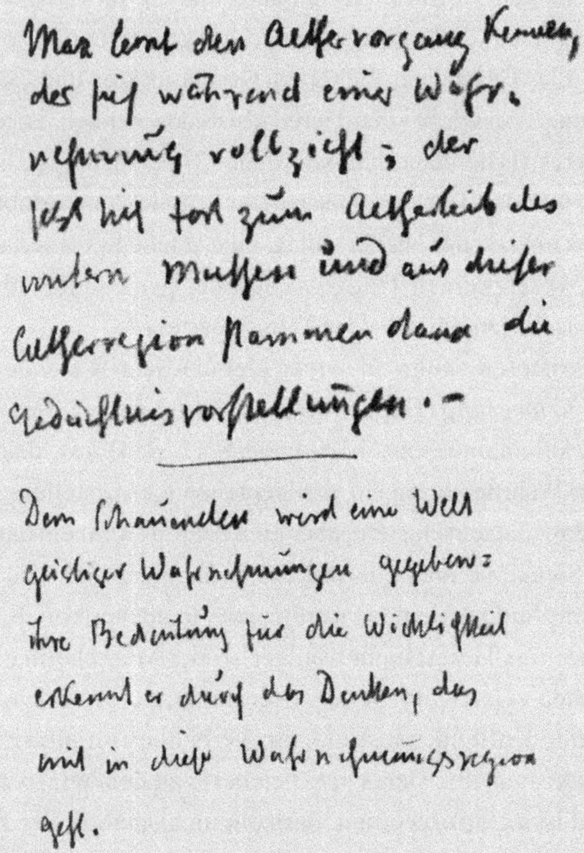

Man lernt den Aethervorgang kennen,/ der sich während ein
Wahr-/nehmung vollzieht; der/ setzt sich fort zum Aetherlei
des/ untern Menschen und aus dieser/ Aetherregion stamme
dann die/ Gedächtnisvorstellungen.–

Dem Schauenden wird eine Welt/ geistiger Wahrnehmungen g
geben:/ Ihre Bedeutung für die Wirklichkeit/ erkennt er durc
das Denken, das/ mit in diese Wahrnehmungsregion/ geht.

Rudolf Steiner kann seinerseits nur bestätigen, was Aristoteles ausführt. Man braucht nur zu lesen, was er über den «Wahrnehmungsprozess in seiner Ganzheit» (s. S. 207-211) schreibt, um sich einen Begriff von der Komplexität dessen zu machen, was geschieht, wenn ein Mensch «Gelb» wahrnimmt – ganz von dem zu schweigen, was im Ätherleib und im Astralleib geschieht, wenn zwei Menschen sich begegnen (s. «Das Leben im ‹Lichtleib›», S. 212-225). Die Gedächtnisbildung erfolgt nach Rudolf Steiner dadurch, dass gleichzeitig zur Wahrnehmung das Wahrgenommene dem Ätherleib einen Abdruck einprägt. Der Ätherleib ist wie ein Zeitleib, wie ein Gedächtnisorganismus, in dem alles Wahrgenommene gespeichert ist. Seine Inhalte werden wie in einem Ätherpanorama wahrgenommen, wie wenn die Zeit ein Raum wäre. Rudolf Steiner schildert ähnlich wie Aristoteles diesen Vorgang, der parallel zur Wahrnehmung sich im Ätherleib abspielt:

> «Aber gleichzeitig mit *jeder* Wahrnehmung verläuft zwischen der Menschenseele und der Außenwelt ein anderer Vorgang. Ein solcher, der im mehr zurückliegenden Teil des Seelenlebens liegt. Da, wo die Wachstumskräfte, wo die Lebensimpulse wirken. In *diesem* Teil des Seelenlebens prägt sich beim Wahrnehmen nicht nur ein vorübergehendes Bild, sondern ein dauerndes, reales Abbild ein. [...]

Wenn nun der Mensch seine Erinnerungen aus seinem Inneren holt, dann ist das ein inneres Wahrnehmen dessen, was geblieben ist in dem zweiten Vorgang, der sich beim äußeren Wahrnehmen abspielt. (S. 87-88 – s. auch S. 128)».

Der Sprung vom Tier zum Menschen

Wie erinnert sich der Mensch an einen Namen wieder, den er vergessen hat? Aristoteles sieht im Sicherinnern eine Art von Schlussfolgerung (συλλογισμός, syllogismos), die nur durch das Denken ausgeführt werden kann. Ein Wesen, das denkt, kann durch Überlegung auf etwas schließen oder nach etwas suchen. Das kann das Tier nicht, weil es nicht denken kann. In seiner *Geheimwissenschaft im Umriss* (s. S. 193-206) weist Rudolf Steiner auf die Erinnerung als auf die wesentliche Tätigkeit des Ich des Menschen hin. Im Sicherinnern setzt der Mensch einen Denkprozess in Gang, mit dem er sich sagt: Diesen Menschen habe ich schon einmal vor Monaten getroffen; er hat mir damals auch seinen Namen gesagt; wie heißt er bloß? Nussbaum? Nein! Grünbaum? Auch nicht; aber das Wort Baum muss im Namen enthalten sein, denn damals, beim Hören des Namens, habe ich an einen Baum gedacht. Baumfäller? Auch nicht; ich habe an einen Baum mitten in einem Garten gedacht ... Jetzt weiß ich: Baumgartner!

Warum übersieht der Mensch das Denken, das sein Ich so meisterhaft ausführt? In seiner *Philosophie der Freiheit* (Kap. 3) gibt Rudolf Steiner zur Antwort:

> «Das ist die eigentümliche Natur des Denkens, dass der Denkende das Denken vergisst, während er es ausübt. Nicht das Denken beschäftigt ihn, sondern der Gegenstand des Denkens, den er beobachtet. [...]
>
> Der Grund, warum wir das Denken im alltäglichen Geistesleben nicht beobachten, ist kein anderer als der, dass es auf unserer eigenen Tätigkeit beruht.»

In der Entwicklung des Menschen vom Bewusstsein zum Geist kann man drei Stufen unterscheiden, die dem Erringen der drei Seelenglieder entsprechen, von denen sowohl Aristoteles als auch Rudolf Steiner sprechen (s. S. 132):

1. Auf der ersten Stufe lebt der Mensch vorwiegend mit seiner Empfindungsseele in all dem, was er denkt – im Gedachten. Alle Wissenschaft, alle Kunst und Religion, alle Inhalte der sinnlichen und übersinnlichen Welt, insoweit sie vom denkenden Bewusstsein erfasst werden, gehören hierher.
2. Auf der zweiten Stufe lebt der Mensch mit der Verstandesseele nicht nur im Denken über die Welt, sondern zunehmend auch im Denken selbst. Er fängt an, über das Denken nachzudenken. Er sieht in der Entwicklung

Fortsetzung S. 133

Aristoteles – R. Steiner: vom Bewusstsein zum Geist

	ARISTOTELES	**RUDOLF STEINER**
Rein geistige Wesen	«**Götter**» Mars, Jupiter, Saturn Sonne (Helios, Apollon usw.) Luna, Merkur, Venus	«**Engel**» Throne, Cherubim, Seraphim Geister d. Form, Bewegung, Weishe Engel, Erzengel, Zeitgeister
Mensch	**νοῦς** (nous) τὸ διανοητικόν (to dianoetikon) διανοεῖσθαι: denken τὸ κινητικόν (to kinetikon) κίνησις: Prozess, Bewegung τὸ ὀρεκτικόν (to orektikon) ὄρεξις: Streben, Begierde	**Das Denken** (das Ich) Bewusstseinsseele (Ich-Begriff, Ich-Bewusstsein) Ge-wissen Verstandesseele (Ich-Vorstellung) Erinnerung Empfindungsseele (Ich-Empfindung, Ich-Wahrnehmun Ge-dächtnis
Tier (Mensch)	τὸ αἰσθητικόν (to aisthetikon) αἰσθάνομαι: empfinden	Empfindungsleib (Astralleib, «Ge-dächtnis»)
Pflanze (Tier, Mensch)	τὸ θρεπτικόν (to threptikon) τρέφω: ernähren	Ätherleib (Lebensleib, Bildekräfteleib)
Stein (Pflanze, Tier, Mensch)	(σῶμα) (soma)	Physischer Leib

des Denkens das Wichtigste seiner eigenen Entwicklung. Das Meditieren, der Umgang mit seiner eigenen denkenden Innerlichkeit, wird ihm zur wichtigsten Beschäftigung des Lebens. Aristoteles nennt das Bedenken des Denkens νόησις νοήσεως (noesis noeseos). Die *Philosophie der Freiheit* Rudolf Steiners ist ein Übungsbuch für das Denken über das Denken.

3. Auf der dritten Stufe wird zum Objekt des Denkens – neben dem Gedachten und dem Denken – *der Denkende.* Der Mensch sagt sich: «Ich bin derjenige, der denkt. Ich bin der Denkende. So wie es kein Gedachtes ohne das Denken geben kann, so kann es auch kein Denken geben ohne einen Geist, der denkt – und das bin ich. Ich bin ein denkender Geist.»

Insoweit ein denkender Geist selbst- oder ichbewusst sein muss, sagt sich der Mensch: «Ich bin ein Ich – Ich bin». Im Ich werden das Gedachte, das Denken und der Denkende eins: Das Gedachte ist das *Ich,* das Denken ist die Tätigkeit des *Ich,* der Denkende ist das *Ich.* Auf der mittleren Stufe seiner Entwicklung vollzieht der Mensch durch das Leben im Element des Denkens die wichtigste Wandlung des Bewusstseins auf dem Weg zum Leben als denkender Geist.

Als Moses den Geist, der sich ihm auf dem Berg Sinai und im brennenden Dornbusch offenbarte, nach seinem Namen fragte, antwortet ihm etwa der Geist:

Fortsetzung S. 135

«Ich bin, der ich war und sein werde: Ich bin Ich»

DAS 2. BUCH MOSE (3, 13-15)

14 וַיֹּאמֶר אֱלֹהִים אֶל־מֹשֶׁה **אֶהְיֶה אֲשֶׁר אֶהְיֶה** ... 15 וַיֹּאמֶר עוֹד אֱלֹהִים
elohim ‘od wayomer... ehyeh ascher ehyeh mose el elohim wayomer
Gott weiter und-sprach **ich-war der ich-bin** Mose zu Gott und-sprach

אֶל־מֹשֶׁה כֹּה־תֹאמַר אֶל־בְּנֵי יִשְׂרָאֵל **יהוה** אֱלֹהֵי אֲבֹתֵיכֶם אֱלֹהֵי אַבְרָהָם ...
Abraham alohe abotekem elohe **Jahve** Israel bene el tomar koh mose el
Abraham d.-Gott euer-Väter d.-Gott **Ich-bin** Israel zu-d.-Söhnen sprich So Mose zu

13 Da sprach Mose zu Gott: «Wenn ich zu den Israeliten komme und ihnen sage: ‹Der Gott eurer Väter hat mich zu euch gesandt›, und sie mich dann fragen: ‹Wie lautet sein Name?›, was soll ich ihnen antworten?» 14 Da sprach Gott zu Mose: «**Ich bin der Ich-bin!**» Und er fuhr fort: «So sollst du zu den Israeliten sprechen: **Der Ich-bin** hat mich zu euch gesandt.» 15 Und weiter sagte Gott zu Mose: «So sollst du zu den Israeliten sprechen: **Jahwe** [**Ich bin**], der Gott eurer Väter, der Gott Abrahams, der Gott Isaaks und der Gott Jakobs, hat mich zu euch gesandt. Dies ist mein Name für alle künftige Zeit und dies meine Benennung von Geschlecht zu Geschlecht.» (Übers. *Jerusalemer Bibel*).

ARISTOTELES, Metaphysik VII, 6-7

[1031b9-11] ὁμοίως δὲ πάντα ἔστιν ἢ οὐδὲν **τὰ τί ἦν εἶναι** [lat.: quod quid **erat** esse], ὥστ' εἰ μηδὲ τὸ ὄντι ὄν, οὐδὲ τῶν ἄλλων οὐδέν.

So **ist** alles das, was es **war**, oder (es ist) nichts:
Wenn nicht (einmal) das **Sein** seiend **ist**, dann (ist) keines von den anderen Dingen.

[1032b 1-2] εἶδος δὲ λέγω **τὸ τί ἦν εἶναι** ἑκάστου καὶ τὴν πρώτην οὐσίαν.

Ich nenne **Wesen** das(selbe zu) **sein**, was (das Wesen) **war**, und die erste Substanz.

DAS JOHANNES-EVANGELIUM (8,58)

Ἀμὴν ἀμὴν λέγω ὑμῖν, πρὶν Ἀβραὰμ γενέσθαι **ἐγὼ εἰμί**.
amen amen lego hymin prin Abraam genesthai ego eimi
Amen amen (ich)sage euch bevor Abraham ward (das) **Ich-bin**

Amen, amen, ich sage euch: Bevor Abraham ward, (war das) **Ich-bin**.

Ich bin das Brot des Lebens (6,35). **Ich bin** das Licht der Welt (8,12). **Ich bin** die Türe (10,7). **Ich bin** der gute Hirte (10,12). **Ich bin** die Auferstehung und das Leben (11,25). **Ich bin** der Weg, die Wahrheit und das Leben (14,6). **Ich bin** der wahre Weinstock (15,1).

RUDOLF STEINER (in der letzten «Klassenstunde»)

«Wer spricht im Geistes-Wort mit der Stimme, die im Weltenfeuer lodert? ...
Es flammen seraphische Feuer-Mächte; sie flammen auch in meinem Herzen ...

Es ist Ich.

Was denkt im Geistes-Wort mit Gedanken, die aus Weltenseelen bilden? ...
Es leuchten cherubinische Bilde-Kräfte; sie leuchten auch in meinem Haupte ...

Es ist Ich.

Was kraftet im Geistes-Wort mit Kräften, die im Weltenleibe leben? ...
Es leiben der Throne Trag-Gewalten; sie leiben auch in meinen Gliedern ...

Es ist Ich.»

Mein Name ist Jahve – *Ich bin. Ich bin derselbe, der ich war, der ich bin und der ich sein werde* – ehjeh ascher ehjeh. *Ich bin der Geist, der denkt, und im Denken Welten schafft. Ich bin das Weltenwort, das Engel- und Menschengeister zum Ich-bin ruft – den Menschen auf den langen Umweg der Freiheit. Als ich die Erde verließ, nahm ich den Geist des Menschen mit mir auf die Sonne und gab ihm auf der Erde die Freiheit. Jetzt bin ich auf dem Weg zurück zur Erde, um dem freigewordenen Menschen seinen Geist, das Ich von meinem Ich, zurückzubringen. Jedes Menschen-Ich ist in meinem Ich, und mein Ich ist in jedem Menschen-Ich. In der ersten Hälfte seiner Entwicklung auf der Erde hat der Mensch zum Bewusstsein des Ich, zu seiner Freiheit gefunden; in der zweiten Hälfte kann er in Freiheit zum Geist des Ich finden. Vom Bewusstsein des Ich bis zum Geist des Ich vollzieht sich alle Entwicklung des Menschen – von der Liebe zur Freiheit bis zur Freiheit der Liebe.*

Aristoteles gebraucht dieselbe Wortprägung wie Moses, um das Allerheiligste des Menschen – das Ich – zu bezeichnen. Er sagt sich: Die höchste Stufe des Seienden und Wirkenden ist ein Wesen, das von sich sagen kann: «Ich bleibe mir gleich im Laufe aller Zeit, ich höre nie auf, Ich zu sein, ich werde niemals ein anderer. Ich bin und werde sein derselbe, der ich war – ehjeh ascher ehjeh» (s. S. 134). Auf Griechisch gesagt: Das Ich ist ein Wesen, dessen Grundeigenschaft darin besteht, dasselbe zu sein (εἶναι, einai), was es war (τί ἦν, ti en). In einem Begriff ausgedrückt: Es ist das «Dasselbe-Sein, was es war» – τὸ τί ἦν εἶναι, to ti en einai (s. S. 134) – wörtlich: «das Was-war-Sein».[1]

Auch die Anthroposophie gebraucht den Ich-Begriff für alle Wesen, die sich immer gleich bleiben, die «unsterblich» sind. Das gilt für das «Gruppen-Ich» der Mineralien, der Pflanzen und der Tiere (den Arten oder Spezies – griech. εἶδος, eidos, was ein geistig Gesehenes, eine «Einsicht» ist). Auch der Mensch war am Anfang in einer Art Gruppen-Ich eingebettet (Familie-, Stamm-, Volks-Ich) und wurde durch zunehmende Freiheit immer mehr zu einem Einzel-Ich. Das Ich entsteht durch die Kraft, alles, was Nicht-Ich ist, entweder sich zu eigen zu machen, oder von sich – vom Ich – zu weisen.

Bei einer solchen Übereinstimmung zwischen Aristoteles und der Bibel, nimmt es nicht wunder, dass Thomas von Aquino beide auf die gleiche Ebene stellt, beide Wort für Wort kommentiert (s. sein Aristoteles-Kommentar auf S. 182-191) mit der inneren Haltung der tiefsten Ehrfurcht. Er denkt: Die Heilige Schrift und Aristoteles sind zwei Wahrheitsquellen, die jeden Irrtum ausschließen – die eine in der

---

1 Die Aristoteles-Kommentatoren plagen sich mit diesem aristotelischen Ausdruck. Für Hermann Schmitz (*Die Ideenlehre des Aristoteles*, Bonn 1985, S. 13) ist er der

> «umstrittenste, dunkelste, um nicht zu sagen groteskeste, Ausdruck der aristotelischen Begriffssprache».

Offenbarung der geistigen Welt, die andere in der Erforschung der sinnlichen Welt.

Im Erinnern sagt sich der Mensch: «Ich bin ein Ich; ich bin dasselbe Ich, das in der Vergangenheit den Namen Baumgartner gehört hat; ich bin dasselbe Ich, das in der Gegenwart diesen Namen wieder ins Bewusstsein holt – und ich werde auch in Zukunft immer dasselbe Ich sein, das sich an seine Vergangenheit er-innern kann, um sie ganz zu ver-innerlichen. *Ich bin derselbe, der ich war, der ich bin und der ich sein werde.* Ich bin ein Ich ich bin Ich». Denkend sagt sich das Ich: Ich erinnere mich noch genau: Bei der ersten Begegnung mit Herrn Baumgartner hatte ich meinen Hund dabei. Ich frage ihn jetzt: Du, Mischa, er hat uns damals seinen Namen gesagt, weißt du noch? *(Keine Antwort).* Kannst du dich nicht erinnern? *(Keine Antwort).* Du warst doch mit dabei, hast du nicht auch seinen Namen gehört? *(Keine Antwort).* Du erkennst doch den Herrn Baumgartner wieder, du hast ihn auch diesmal so freundlich begrüßt? *(Keine Antwort).*

Rudolf Steiner: «oberflächlich», «unreif» – im «Wesenszoo»

Kann die Lage des Menschen tragischer noch als bei Nietzsche werden, der schmerzhaft empfindet, in seinem Bewusstsein nur leere Bilder und keine Wirklichkeit zu haben, der über seinen Schmerz auch noch den Verstand verliert? Ja, die Lage des Menschen kann noch tragischer werden. Das geschieht, wenn derselbe Mensch, der alles verloren hat,

Fortsetzung S. 139

Faust gerät «in heillose Verwirrung, indem er das aus der eigenen Imagination hervorgezauberte Bild Helenas für deren wirkliches Wesen hält und festzuhalten versucht.» (SKA 7, S. XIX).

«Diese ... Veranschaulichung und Verdinglichung innerer Erlebnisse ... wirft jedoch beim kritischen Leser die Frage auf, ob und inwieweit Steiner hier mit seiner eigenen intellektuellen Vergangenheit ... gebrochen hat und möglicherweise in eben jenen ‹naiven metaphysischen Realismus› verfiel, den er selbst ... in seiner *Philosophie der Freiheit* so scharfsinnig charakterisiert und leidenschaftlich bekämpft hatte. Muss man nicht ... die ... ‹Astralleiber› oder ‹Schwellenhüter› als Gestalten ansehen, die er selbst, wie Faust seine Helena, aus dem ‹Weihrauchnebel› seiner eigenen Imagination hervorzauberte? Und fällt man nicht ... in grenzenlose Verwirrung und Träumerei, wenn man diese selbstgeschaffenen Nebelgestalten in naiver Weise für ‹Wirklichkeiten› hält?»
Steiner tauscht den «im wissenschaftlichen Diskurs verlangten abstrakt-begrifflichen und kritischen Duktus gegen den bildhaft-anschaulichen, aber auch autoritär-dogmatischen Ton des spirituellen Lehrers» ein. Dies hat sich «fatal auf die akademische und öffentliche Rezeption seiner Schriften ... ausgewirkt.» Diese vermitteln «den Eindruck, als handle es sich ... tatsächlich um reale ‹Dinge› oder ‹Wesen›, die in einer ‹jenseits› bzw. ‹außerhalb› des erlebenden Ich befindlichen Transzendenz existieren.» (SKA 7, S. XXVIII, XXIX).

Steiner hat «die Bedeutung Freuds und Jungs ... zwar wahrgenommen ... doch in einer Weise, die nicht anders als oberflächlich genannt werden kann.» (SKA 7, S. XXXV).

in der Rede vom Geist eine «grenzenlose Verwirrung und Träumerei» (s. S. 138) sieht und es sich zur Lebensaufgabe macht, allen Geist mit Hohn und Spott zu übergießen. Dieser Nietzsche-Nachfolger soll anhand eines Menschen vorgestellt werden, der heute nicht wenige Gesinnungsgenossen zu haben scheint.

Christian Clement, Professor an der Brigham Young University der Mormonen in den USA, der in Rudolf Steiner «an unarguable lack of... artistic maturity (*Weimar Classicism,* 2010, S. 153)» – einen unbestreitbaren Mangel an künstlerischer Reife – sieht, hat sich als Herausgeber der Werke Rudolf Steiners hervorgetan. In Band 7 seiner SKA (Rudolf Steiner, *Schriften – Kritische Ausgabe* – s. S. 138) spricht er über Goethes Faust, der das Bild der Helena mit ihrer Wirklichkeit verwechselt, was zu einer Explosion führt. Prof. Clement meint dazu: Man muss dumm sein, um das Bild für die Wirklichkeit zu nehmen! Aber eine noch viel größere Dummheit sieht er in Rudolf Steiners Behauptung, dass es neben dem Bild auch eine Wirklichkeit der Helena geben soll. Der aufgeklärte Mensch ist sich längst im Klaren, so meint er, dass Helena nichts anderes als eine Vorstellungsbildung des menschlichen Bewusstseins ist.

Es kann einem solchen Professor nicht zugemutet werden zu begreifen, dass Goethe mit dieser Szene sagen will: Faust muss sich in seinem Bewusstsein weiterentwickeln, muss reifer werden, um die wirkliche Helena erleben zu können. Dies geschieht dann auch im *Faust,* wenn Helena für Faust so real, so wirklich wird, dass er mit ihr ein Kind zeugt, den Euphorion. Einem Prof. Clement kann nur zugemutet werden, dass er es höchst dilettantisch findet, wenn Rudolf Steiner die «selbstgeschaffenen Nebelgestalten» seiner blühenden Fantasie – die Bilder seines Bewusstseins –, «in naiver Weise für ‹Wirklichkeiten› hält».

Der Ausgangspunkt der Anthroposophie ist gerade die Tatsache, dass im Bewusstsein des heutigen Menschen nur Bilder, keine Wirklichkeiten enthalten sind. Für dieses Bewusstsein ist jede Wirklichkeit «transzendent», im «Jenseits» liegend. Nur mit einem Bewusstsein, das lauter leere Bilder enthält, kann die Erfahrung der Freiheit gemacht werden, denn Bilder zwingen nicht (s.S. 90). Aus der erlangten Freiheit heraus kann der Mensch sein Bewusstsein weiterentwickeln, wie Goethe es für den Faust darstellt, und nach einem Erleben der Wirklichkeit des Geistes streben. Die *Philosophie der Freiheit* ist als Übungsbuch des Denkens geschrieben, wodurch sich das Denken so weiterentwickelt, dass der Mensch die Erfahrung macht, «dass richtig verstandenes Denk-Erlebnis schon Geist-Erlebnis *ist*» (2. Aufl. 1918: Zusatz zu den «letzten Fragen»).

Es hat vor Prof. Clement genug Wissenschaftler gegeben, die sich gesagt haben: «Von einer Weiterentwicklung des Bewusstseins weiß ich nichts, deshalb kann ich darüber nichts sagen. Auch von einer geistigen Welt ist mir nichts bekannt, deshalb kann ich darüber nur schweigen. Es ist unwissenschaftlich, über etwas Aussagen zu machen, von dem ich zugebe, dass ich es nicht kenne. Und höchst unwissenschaftlich wäre meine Behauptung, dass ich weiß, dass der Geist keine Wirklichkeit ist, von dem ich behaupte, nichts zu wissen.»

Prof. Clement tritt aber als Herausgeber der Werke Rudolf Steiners auf mit der Absicht, zu beweisen, dass alle geistigen Wesen, von denen die Anthroposophie spricht, einem «anthroposophischen Wesenszoo»[2] angehören, den Rudolf Steiner «aus dem ‹Weihrauchnebel› seiner eigenen Imagination hervorzauberte» (s. S. 138).[3] Alle naiv-gläubigen Christen der

---

2 «Eine Replik auf Ansgar Martins Kritik an der Einleitung zu SKA 7», in: *Waldorfblog,* 21.11.2014, waldorfblog.wordpress.com.

3 Es mag Leser geben, die den Fall Clement nicht für symptomatisch, nicht für repräsentativ für das heute herrschende Kultur- und Geistesleben halten. Leser, die darauf hinweisen möchten, dass es genug Menschen gibt, die der Anthroposophie nicht nur offen, sondern bejahend gegenüberstehen, seien auf folgende Tatsachen hingewiesen.

Die Anthroposophische Gesellschaft feiert in *Das Goetheanum* (28.11.2014) Prof. Clements «Würdigung» der Anthroposophie. Im Rahmen einer ausführlichen Selbstdarstellung von Christian Clement hebt der Vorstand der Anthroposophischen Gesellschaft als Herausgeber in einem gesonderten Kasten den Kerngedanken Clements hervor und macht ihn sich damit zu eigen:

> «Steiners Konzept von Hellsichtigkeit ist eine ernst zu nehmende Position im wissenschaftlichen Diskurs.»

Im Klartext heißt das: Die Anthroposophische Gesellschaft stimmt Prof. Clement zu in der Behauptung, dass Rudolf Steiner lediglich ein «Konzept», eine Theorie über «Hellsichtigkeit» ersonnen hat. Die Anthroposophie ist ein bloß subjektiver Inhalt seines Bewusstseins. Seine «Position» oder Theoriebildung verdient, von der akademischen

Welt sollen endlich aufwachen und ihren «Christus» als das durchschauen, was er in Wirklichkeit ist: Ein Obertier in dem «Wesenszoo», den sich die blühende Fantasie der Menschen zur Befriedigung ihrer Schaulust ausmalt.

In den Vorträgen über Psychoanalyse führt Rudolf Steiner aus (s. S. 83f.): Wenn ein Kretenser sagt: Alle Kretenser sind Lügner, so muss das auch für seine Aussage gelten – und sie hebt sich selbst auf. Wenn Freud (s. S. 84) die Theorie aufstellt, dass alles im Menschen vom Liebestrieb kommt, so muss das auch für Freuds Theorie gelten. Und wenn Prof. Clement die Theorie verficht, dass das Bewusstsein nur subjektive Vorstellungsbilder enthält, so muss das auch für seine Theorie gelten. Stattdessen fällt er mit seinem Dogma der Subjektivität aller Bewusstseinsinhalte so über Steiner her, als ob seine Steiner-Kritik der einzige

---

Welt unter die Lupe genommen zu werden, denn ihre Wissenschaftler haben alle Voraussetzungen, «Steiners geisteswissenschaftliche Hypothesen» zu bewerten.

Die Rudolf Steiner Nachlassverwaltung ehrt Prof. Clements SKA Bände, indem sie sie in das *Gesamtverzeichnis* (2018, S. 140-1) der «Gesamtausgabe» der Texte Rudolf Steiners einreiht. Der Leiter des Rudolf Steiner Archivs, Clements Gesinnungsgenosse Dr. David Hoffmann, behauptet in der *Neuen Zürcher Zeitung* (15.3.2016), dass Rudolf Steiner den ethischen Individualismus «postuliert», d. h. frei erfunden hat. Aus dem Philosophen Steiner, so Hoffmann, ist der Anthroposoph Steiner durch eine «Sinnesänderung» geworden, die sich hätte «noch einmal ähnlich intensiv» wiederholen können, hätte Steiner nur lange genug gelebt. Aus dem Anthroposophen wäre dann auf der dritten Stufe – falls Hoffmann diese Stufe nicht postuliert bzw. erfindet, sondern kennt – ein Gesinnungsgenosse Hoffmanns geworden. Leider hat Steiner nicht lange genug gelebt, um es so weit zu bringen.

Bewusstseinsinhalt der Welt wäre, der seiner eigenen Theorie einen Strich durch die Rechnung macht und objektiv-wissenschaftlich ist. Hauptsache, er hat ein großes Publikum, nicht zuletzt in der anthroposophischen Welt.

Das Ich zwischen Gedächtnis und Gewissen

Rudolf Steiner macht in den zwei Vorträgen darauf aufmerksam, dass dem Unbewussten gegenüber eine individuelle therapeutische Behandlung ein gefährlicher (s. S. 44) Eingriff in das Karma des Menschen darstellt. Was dem Unbewussten gegenüber nottut, ist eine allgemeine Therapie der Kultur, die mit geeigneten Erkenntnismitteln das Unbewusste zum Bewusstsein bringt. Die Tatsache, dass alle geistige Wirklichkeit für den Menschen unbewusst geworden ist, ist keine individuelle Angelegenheit, sondern eine allgemein menschliche. Der heutige Mensch braucht eine wissenschaftlich-objektive Erkenntnis der geistigen Welt, die nach dem Muster der Wissenschaft der materiellen Welt aufgebaut ist. Alle Kinder werden heute gleichermaßen in den materialistischen Intellektualismus hineingeboren und darin erzogen. Gerade in ihrer allgemeingültigen Objektivität ist die Naturwissenschaft die wichtigste Erzieherin zur Geisteswissenschaft:

> «Man kann, wenn man sich an das hält, was der Naturwissenschaft als Methode eigen ist, nicht in die

Fortsetzung S. 145

Platon: Die Seele des Menschen als Weltgedächtnis

MENON (14-15: 80d-82a – Übers. P. A.)

Menon: Und auf welche Weise wirst du das suchen, o Sokrates, von dem du ganz und gar nicht weißt, was es ist? Welches von den Dingen, die du nicht weißt, willst du dir so vorlegen, dass du es suchst? Und wenn du es durch einen wunderlichsten Zufall triffst, wie wirst du wissen, dass dieses das ist, was du nicht wusstest?

Sokrates: Ich verstehe, was du sagen willst, o Menon! Siehst du den Streitsatz, den du bringst: dass es dem Menschen weder möglich ist, das zu suchen, was er weiß, noch das, was er nicht weiß? Er wird weder das forschen (können), was er weiß – denn er weiß es (schon), und nichts dergleichen bedarf eines Suchens –, noch das, was er nicht weiß – denn er weiß nicht, was er suchen wird. …

Ich habe das von Männern und Frauen gehört, die in göttlichen Dingen weise sind. … Die das sagen, sind Priester und Priesterinnen, denen es am Herzen liegt, kundzugeben, welches der Grund von dem ist, was sie vollbringen. …

φασὶ γὰρ τὴν ψυχὴν τοῦ ἀνθρώπου εἶναι ἀθάνατον, καὶ τοτὲ μὲν τελευτᾶν ὃ δ ἀποθνήσκειν καλοῦσι τοτὲ δὲ πάλιν γίγνεσθαι, ἀπόλλυσθαι δ᾽ οὐδέποτε· δεῖν δ διὰ ταῦτα ὡς ὁσιώτατα διαβιῶναι τὸν βίον· ... ἅτε οὖν ἡ ψυχὴ ἀθάνατός τε οὖ καὶ πολλάκις γεγονυῖα, καὶ ἑωρακυῖα καὶ τὰ ἐνθάδε καὶ τὰ ἐν Ἅιδου καὶ πάν χρήματα, οὐκ ἔστιν ὅτι οὐ μεμάθηκεν· ὥστε οὐδὲν θαυμαστὸν καὶ περὶ ἀρετῆς κ περὶ ἄλλων οἷόν τ' εἶναι αὐτὴν ἀναμνησθῆναι, ἅ γε καὶ πρότερον ἠπίστατο. ἅτε γ τῆς φύσεως ἁπάσης συγγενοῦς οὔσης, καὶ μεμαθηκυίας τῆς ψυχῆς ἅπαντα, οὐδ κωλύει ἓν μόνον ἀναμνησθέντα ὃ δὴ μάθησιν καλοῦσιν ἄνθρωποι τἆλλα πάν αὐτὸν ἀνευρεῖν, ἐάν τις ἀνδρεῖος ᾖ καὶ μὴ ἀποκάμνῃ ζητῶν· τὸ γὰρ ζητεῖν ἄρα κ τὸ μανθάνειν ἀνάμνησις ὅλον ἐστίν.

Sie sagen, dass die Seele des Menschen unsterblich ist, dass sie das eine Mal (dem) zur Vollendung kommt, was (die Menschen) «sterben» nennen, das and re Mal wieder geboren wird, niemals aber untergeht. Aus diesem Grund soll m das Leben in der heiligsten Weise durchleben. … 15. Weil die Seele unsterblich u oftmals geboren ist und alle Gepflogenheiten geschaut hat, die hier auf Erden u die in der Unterwelt (im Hades), so gibt es nichts, was sie nicht gelernt hat. De halb ist nichts Verwunderliches, dass sie fähig ist, sich zu erinnern in Bezug auf d Tugend und auf alle Dinge, die sie früher schon wusste. Weil die gesamte Nat mit sich selbst verwandt ist und die Seele alles erfahren hat, so hindert nichts (d ran), dass, wenn jemand sich an ein Einzelnes erinnert – was die Menschen «le nen» nennen –, er auch alle anderen Dinge findet, wenn er mutig ist und nicht e müdet im Suchen. Denn alles Suchen und Lernen ist ein Sicherinnern. …

Menon: Ja, o Sokrates! Aber wie meinst du dieses, dass wir nicht (neu) lernen, sondern das, was wir lernen nennen, ein Erinnern ist? Kannst du mich dieses lehren, dass es sich so verhält?

Sokrates: … und jetzt fragst du, ob ich imstande bin, dich zu belehren – der ich behaupte, dass es kein Lehren gibt, sondern nur ein Erinnern –, sodass ich auf einmal wie jemand erscheine, der widersprüchliche Dinge sagt.

Seelengeheimnisse des Andern unbefugt eindringen.» (S. 233-234).

Der Mensch und die Natur, die kleine und die große Welt, sind die zwei Tagebücher des Weltgeschehens, die in einer universellen Sprache geschrieben sind. In ihnen ist alles gespeichert, was Götter und Menschen je gedacht und getan haben. Platon (s. S. 144) wusste noch, dass alles Lernen ein Erinnern ist. Unter Berufung auf die alten Eingeweihten führt er aus, dass der Mensch von Anfang an dabei war, dass in ihm wie in einem Welterinnern alles aufbewahrt ist, was er selbst im Laufe einer langen Entwicklung durchgemacht hat. Seinem Geist, seiner Seele und seinem Leib hat sich alles eingeprägt, was er über Äonen miterlebt hat. Wenn er irgendetwas «lernt», liest er es im Memoirenband seines Wesens. Er erinnert sich an das darin Niedergeschriebene.

Steine, Pflanzen und Tiere, die im Urbeginn im Menschen waren, mussten aus ihm ausgegliedert werden, um ihn zum freien Menschen werden zu lassen. Die Natur ist das sichtbare Denkmal der Liebe aller Geschöpfe zur Freiheit des Menschen. In ihr ist das Gedächtnis aller Entwicklungsschritte eingebrannt, die dem Menschen zuliebe getan worden sind. Durch die erlangte Freiheit des Bewusstseins «erinnert sich» der Mensch all dessen, was die Naturwesen in ihrem Liebesgedächtnis tragen. In dankbarer Erinnerung

Fortsetzung S. 147

«It seems to me [...] that any viable account of human declarative memory in relation to brain function [...] will eventually turn out to have features such as the following:
(1) It will be a ‹top down› rather than a ‹bottom up› theory. That is to say, it will be a theory which proposes that the elements of a system sometimes act in conformity with laws characterizing the system as a whole and not derivable from the interactions of its elements. These principles (unlike the laws of neurochemistry or the quasi-computational rules of much cognitive psychological theorizing) might be described as emerging from or supervening upon interactions of the elements, not, one should emphasize, on a moment-by-moment basis, but gradually over time and having something like the status of psychophysical laws in part tailored to each individual.
(2) It will accommodate the fact that particular declarative memories cannot be supposed tied or permanently tied to particular anatomical loci in the brain or to particular brain systems or activity patterns. [...]» (*Irreducible Mind, Toward a Psychology For the 21st Century,* Edward F. Kelly u. a., Lanham u. a. 2007, «Chapter 4: Memory», S. 298).

«Mir scheint, dass jede tragfähige Darstellung der expliziten menschlichen Erinnerung in ihrer Beziehung zu den Gehirnprozessen letztendlich Eigenschaften wie die folgenden aufweisen wird:
(1) Sie wird eher eine Theorie ‹von oben nach unten› als eine ‹von unten nach oben› sein. Dies bedeutet: Sie wird eine Theorie sein, die davon ausgeht, dass die Einzelelemente eines Systems zuweilen in Zusammenklang mit Gesetzen tätig sind, die das System als ein Ganzes kennzeichnen, die nicht aus der Wechselwirkung seiner Elemente gewonnen werden können. Solche Prinzipien unterscheiden sich von den Gesetzen der Neurochemie und von den Regeln vieler erkenntnistheoretisch-psychologischer Theoriebildungen, die es den Rechenregeln nachmachen. Sie können so beschrieben werden, dass sie aus der Wechselwirkung der Elemente auftauchen oder auch einleuchten. Es soll besonders betont werden, dass sie nicht Augenblick für Augenblick, sondern erst allmählich im Laufe der Zeit gewonnen werden. Sie haben etwa den Rang von psychologischen Gesetzen, die teilweise jedem einzelnen Individuum angepasst sind.
(2) (Eine solche Darstellung) wird der Tatsache den ihr gebührenden Platz einräumen, dass gewisse sprachlich artikulierte Erinnerungen nicht als gebunden – zumindest nicht als dauerhaft gebunden – an bestimmte anatomische Gehirnlokalitäten oder an bestimmte Systeme oder Tätigkeitsmuster des Gehirns gedacht werden können.»

kann er das Naturgedächtnis «verinnerlichen», er kann es zu seinem moralischen Gewissen machen. (s. «Gedächtnis und Gewissen» S. 99).

Wie das Gedächtnis die Gesamtheit des Gedachten, so enthält das Gewissen die Gesamtheit des Wissens. In den Tiefen seines Gewissens weiß der Mensch nicht nur um das, was er selbst erlebt hat, um frei zu werden, sondern auch um das, was Naturwesen und Menschen an ihm erlebt haben. Das Gewissen ist ein Gesamtwissen all dessen, was das eigene Streben nach Freiheit bei den karmisch nahestehenden Menschen verursacht hat. Zu jedem Selbstständigwerden gehören unzählige Gedanken und Taten des Egoismus, bei denen der andere Mensch die tiefste Vereinsamung erleben kann (s. Nietzsches Gedicht «Vereinsamt»). In seinem Gewissen erinnert sich der Mensch an alles von ihm verursachte Leiden und strebt danach, Liebe mit Liebe zu vergelten.

Von den vielen Symptomen des Schreies der heutigen Menschheit nach einer allgemeinen Kulturtherapie durch eine zeitgemäße Geisteswissenschaft, sei eines aus der westlichen Welt erwähnt. *Irreducible Mind* (s. S. 146) ist eine leidenschaftliche Widerlegung der verbreiteten Überzeugung, man könne alles Geistige im Menschen («all aspects of mind» – Klappentext) durch Hirntätigkeit («brain activity») erklären. «Mind» ist in der englischen Sprache nicht der Geist, sondern das Bewusstsein. In den 800 Seiten (darunter fast 150 Seiten «References» und «Index») kommt der Name Rudolf Steiner nicht vor. In ihrer Zukunftsvision wünschen die Autoren das Wiederaufleben einer vergangenen Zeit, in der ein William James oder ein Frederic W. H. Myers noch daran geglaubt hatten, dass nicht alles Seelische auf körperliche Prozesse «reduziert» werden kann. Man kann nur staunen, mit welcher Verschwommenheit in diesem Kulturdokument die Hoffnung geäußert wird, dass künftige Generationen durch weiteres intellektualistisches Spekulieren wissenschaftlicher als ihre Vorgänger all das werden erkennen können, was jenseits des Bewusstseins liegt. Man könnte solche Ausführungen beherzigenswert finden, wenn sie nicht in ihrer stratosphärischen Abstraktheit geradezu erschütternd wären. Dabei besteht in der Menschheit schon seit hundert Jahren eine Wissenschaft des Geistigen, die das moderne Bewusstsein in voller Besonnenheit zur Wirklichkeit des Geistes führen kann.

Bewusstsein und Geist im Gespräch

Von «unzulänglichen Erkenntnismitteln» (S. 10) spricht Rudolf Steiner mit Bezug auf die Art, wie die Psychoanalyse mit den Phänomenen der Seele umgeht. Oft hat er diesbezüglich mit vollem Ernst von einem Dilettantismus im Quadrat gesprochen. Dilettantisch ist eine Physiologie, die den «Ätherleib» (bei Aristoteles τὸ θρεπτικόν, to threptikon, s. S. 132) nicht kennt. Dilettantisch ist eine Psychologie, die, ohne den «Astralleib» zu kennen, über die Seele nur abstrakt spekuliert (s. «Wo ist der Mensch als denkendes und sich erinnerndes Wesen?» S. 93). Der Ätherleib macht Gedächtnis und Erinnerung erst möglich. Dem Astralleib, den Tier und Mensch gemeinsam haben, sind die vom Gedächtnis erregten Empfindung und Eigenbewegung zu verdanken. Und mit alldem ist noch nicht das Besondere und Wichtigste des Menschen berührt, das Ich, das auf dem Instrument der dreisaitigen Seelenleier von Empfindungs-, Verstandes- und Bewusstseinsseele Denken, Fühlen und Wollen entfaltet.

Vor allem das Denken steht heute am Scheideweg seiner Entwicklung: Entweder wird es immer lebendiger und entwickelt sich zur «Imagination», oder es wird immer mechanischer und verliert alle geistige Wirklichkeit aus den Augen. Es kann in der «Akasha-Chronik», im Weltgedächtnis aller göttlichen Gedanken aufleben, aber es kann auch in den Mechanismen der digitalisierten Google-Speicherung ersterben (s. «Von der Natur zur Unternatur» S. 106). Anschaulich schildert Rudolf Steiner im zweiten Vortrag das Überschreiten der Schwelle auf dem Weg nach oben und auf dem Weg nach unten (s. Zeichnung S. 69 und Umschlagmotiv), und was dabei mit dem Denken, dem Fühlen und dem Wollen geschieht.

In der oberen Welt, wo der Mensch immer freier wird, entfalten sich das Denken, das Fühlen und das Wollen unabhängig voneinander. Der Mensch wird im Denken fähig, frei von Emotion und Trieb zu denken; im Fühlen erlebt er die Liebe, die keiner Garantie und keiner Gebote bedarf; der Wille findet Ziele, die keine persönliche Begierde und keine berechnende Absicherung kennen. Auf dem Weg nach unten ist es umgekehrt: Der Mensch wird da immer weniger frei, weil Denken, Fühlen und Wollen, statt sich voneinander zu trennen, ineinander greifen und sich gegenseitig behindern. Emotion und Trieb trüben das Denken, Kalkül und Machtstreben verderben die Liebe, Einbildung und Eitelkeit schwächen den Willen.

Die Philosophie der Freiheit Rudolf Steiners kann als Schwellenübergang erlebt werden, bei dem eine Trennung von Denken und Wollen – von Gedankenmonismus und ethischem Individualismus – vollzogen wird. Der Mensch erlebt seine Freiheit im nie erlahmenden Herstellen des Gleichgewichts zwischen Denken und Wollen. Nur das Denken, das vom Willen frei ist, kann den Willen wahrhaft erleuchten, und nur der Wille, der vom Denken unabhängig ist, kann das Denken dauerhaft erkraften.

Der inneren Dreigliederung von Denken, Fühlen und Wollen entspricht die äußere «Dreigliederung des sozialen Organismus». Diese ist auch eine Aufgabe, die Rudolf Steiner von jenseits der Schwelle geholt hat. Das Soziale selbst überschreitet die Schwelle vom Bewusstsein zum Geist, indem jedes der drei Lebensgebiete – das Geistesleben, das Rechtsleben und das Wirtschaftsleben – seine Autonomie erlangt. Im selbstständigen Wirtschaftsleben kann der

Mensch mit reinen Willenskräften *das Notwendige* schaffen, im freien Geistesleben kann er mit lebendigem Denken *das Freie* hervorbringen. Im Rechtsleben kann er im Aufrechterhalten des Gleichgewichts zwischen dem Tun des Notwendigen und dem Schaffen des Freien die Gleichheit aller Menschen erleben. Das Tun des Notwendigen dient dann dem freien Schaffen und das Leben in Freiheit beflügelt das Tun des für ein solches Leben Notwendigen.

In einer handgeschriebenen Notiz vom Jahr 1918 weist Rudolf Steiner auf die Gegenkräfte hin, die im Menschen und im Sozialen immer stärker werden müssen, wenn der Mensch in Freiheit auf dem Weg vom Bewusstsein zum Geist immer weiter schreiten soll:

> «Den Menschen steht bevor:
>
> 1.) Die *Entgeistigung* so, daß sie [...] ihre Seelen bis in höhere Altersstufen nicht halten können [...] Dann werden die Menschen die Marionetten ihrer physischen Leiber. [...]
>
> 2.) Die Folge davon wird sein die Stumpfheit gegenüber dem Rechtsleben und das Herrschen des Animalischen im Wirtschaftsleben. Egoismus und Krieg.»[4]

In schweren Stunden, in denen das Widermenschliche droht, das Gemüt zu bedrücken und die Willenskräfte zu lähmen,

---

4 *Beiträge zur Rudolf Steiner Gesamtausgabe,* Heft 41, Ostern 1973, S. 4.

kann sich der Mensch mit seinem Bewusstsein zum Geist seines Ich im Selbstgespräch wenden:

Das Bewusstsein: *Wie wahr ist das, was Rudolf Steiner vorausgesagt hat! Der Mensch erlebt immer mehr in seinem Geist die Entgeistigung, in seiner Seele die Stumpfheit des Egoismus, in seinem Körper das Kriegerische der Instinkte.*

Der Geist: *Die Gegenmächte müssen am stärksten wirken, wenn die Freiheit des Menschen zum Höchsten berufen ist. Es ist für dich und für mich das erste Leben, in dem die Anthroposophie da ist auf der Erde und der Mensch mit ihr leben kann – mit der Weisheit, die dem kranken Bewusstsein den heilenden Geist bringt.*

Das Bewusstsein: *Steht man nicht vor seinen Mitmenschen als Gläubiger da, wenn man nicht selbst in der geistigen Welt leben und forschen kann?*

Der Geist: *Mit seinem gesunden Menschenverstand kann der Mensch alles verstehen, was die Anthroposophie sagt. Man täuscht sich, wenn man meint, es wäre besser, selbst geistig zu schauen, selbst die Inhalte der Anthroposophie hervorzubringen. Rudolf Steiner hat es einmal in England wörtlich einen der allergrößten, der allergefährlichsten, der allerbedenklichsten Irrtümer genannt, wenn man denkt, man sei nur dann selbstständig, wenn man selbst geistig forschen kann. In einem Notizbuch hat er geschrieben, dass die Forderung, selbst die Anthroposophie zu entwickeln, dieselbe ist, wie wenn man sein eigener Vater sein wollte. Das gilt natürlich auch für Rudolf Steiner selbst. Die Anthroposophie hervorbringen und mit ihr leben schließen sich gegenseitig aus. Am Anfang der Bibel heißt es, dass auch Gott die Welt erst betrachten konnte, nachdem er sie geschaffen hatte.*

Das Bewusstsein: *Und wie ist es mit dem Leben, in dem Rudolf Steiner die Anthroposophie entwickelt hat? Konnte er auch nicht gleichzeitig mit ihr leben?*

Der Geist: *Im Entstehen der Anthroposophie sehe ich eine göttliche Tat, bei der der Mensch mehr wie ein Diener gewirkt hat. In der Mitte der Entwicklung hat die Gottheit in einem Menschen das ferne Ziel so wahrnehmbar gemacht, dass alle Menschen es sich zum Bewusstsein bringen können. Um dies zu ermöglichen, musste Rudolf Steiner wechseln zwischen dem Leben als Geist in einer Welt von Geistern und dem Berichten darüber in Worten, die alle Menschen verstehen können. Dass Rudolf Steiner das tun konnte, ist weniger ihm zu verdanken als dem Geist, der die Sendung des heiligen Geistes verheißen hatte. Beim Schaffen der Anthroposophie hat ein zweites Mal in der geistigen Welt die göttliche Liebe und auf der Bühne dieser Welt die menschliche Macht gesiegt.*

Das Bewusstsein: *Und welches ist das Ziel aller Entwicklung?*

Der Geist: *Das kann in wenigen Worten gesagt werden. Der einzelne Mensch, der jetzt nur ein Bewusstsein vom Geist hat, strebt danach, zum Geist zu werden. Die ganze Menschheit strebt danach, sich zu einem einheitlichen Organismus zu gestalten. Beides lässt sich nur über eine Mehrzahl von Leben erreichen, denn beides kann nur geschehen, wenn eine Vergeistigung der Materie damit einhergeht. Nur im Überwinden der Materie kann der Mensch das Leben im Bewusstsein in ein Leben als Geist verwandeln.*

Nietzsche hatte wohl recht: Der Mensch, der ein dämmerndes Bewusstsein von dem Geist erlangt, der er zu werden berufen ist, «macht nirgends halt».[5]

---

5 P. S. Mein liebes Büchlein! Ich hatte dich am Anfang schlank genug gedacht, dass du auch für die Menschen taugst, die man die kleinen Leute nennt, weil sie keine dicken Bücher lesen. Du weißt aber auch, wie viel dicker du noch hättest werden können. Du heißt *Bewusstsein oder Geist?,* aber du suchst die vielen Menschen, die Bewusstsein ohne Geist erleben und den Geist suchen, oft ohne ein Bewusstsein davon zu haben. Vergiss auch nicht, deinem Leser zu sagen, was ihr beide Monika Grimm zu verdanken habt. Denn mir würde ohne sie die bessere Hälfte fehlen, dir aber auch die schlechtere, weil ohne sie du gar nicht auf die Welt gekommen wärest.

ANHANG

ARISTOTELES

Περὶ μνήμης καὶ ἀναμνήσεως

(peri mnemes kai anamneseos)

«Über Gedächtnis und Erinnerung»

RUDOLF STEINER

Das Ich zwischen Bewusstsein und Geist

Aristoteles

Περὶ μνήμης καὶ ἀναμνήσεως

«Über Gedächtnis und Erinnerung»

Kap. 1: Das Gedächtnis

[449b 4-450a 7 – Übers. P. A.] In Bezug auf das Gedächtnis und das gedächtnisbewegte Handeln (das Speichern im Gedächtnis und das Wirken des Gespeicherten) ist zu erörtern, was es ist, durch welche Ursache es entsteht, in welchem Teil der Seele dieses Bestimmtwerden (πάθος, pathos: eine erlittene Veränderung, ein Bestimmtwerden) vorgeht [Kap. 1]; und (dasselbe ist zu erörtern in Bezug auf) das (bewusste) Sicherinnern [Kap. 2]. Denn nicht dieselben sind diejenigen, die Gedächtnis haben, und diejenigen, die sich erinnern [Kreuz: «Denn die Erinnerungsfähigen und die Wiedererinnerungsfähigen sind nicht dieselben»; Dönt: «denn Menschen mit gutem Gedächtnis haben nicht zugleich auch gutes Erinnerungsvermögen»], sondern meistens sind die Schwerfassenden mehr gedächtnisbegabt, die schnell Fassenden und gut Lernenden mehr erinnerungsfähig [Bender: «die langsamen Naturen ... die raschen, leicht auffassenden»; King: «welche mit langsamem Gemüt ... die Schnellen und leicht Lernenden»].

Als Erstes soll angegeben werden, wie die Dinge beschaffen sind, die im Gedächtnis (abrufbar) sind [lat. memorabilia], denn dies täuscht uns vielfach.

Das gedächtnisbewegte Verhalten betrifft weder das Zukünftige, das (nur) vermutet und gehofft werden kann – es mag auch eine Erkenntnis des Gehofften geben, wie manche von der Mantik (Wahrsagungskunst) behaupten –, noch das Gegenwärtige, dem (nur) die Wahrnehmung (Empfindung) gilt, mit der wir weder das Kommende (Zukünftige) noch das Gewesene (Vergangene) erkennen, sondern allein das Vorhandene (Gegenwärtige, Anwesende).

Das Gedächtniswirken betrifft also das Vergangene. Von dem, was da (vorhanden, gegenwärtig) ist, wenn (während) es da ist – wie dieses Weiße, wenn man es sieht (erblickt) –, wird kein Mensch sagen, dass er ein Gedächtnis davon hat – auch nicht von dem (denkend) Betrachteten (Vorgestellten; [Kreuz: «innerlich Angeschautem»]), wenn man es gerade vorstellt oder denkt. Man wird vielmehr sagen, dass man das eine nur wahrnimmt (empfindet), das andere nur denkt (weiß). Wenn man aber ohne deren (aktuelle) Verwirklichung (Ausübung, Betätigung) Wissen und Wahrnehmung hat, dann wirkt das Gedächtnis – (z. B. davon), dass die Winkel des Dreiecks gleich zwei rechten sind –, dass man das eine gelernt oder gedacht hat, das andere gesehen oder gehört hat oder dergleichen (mit anderen Sinnen). Denn, wenn wir mit dem Gedächtnis tätig sind, müssen wir (uns) in der Seele sagen, dass wir das früher (vom Lehrer) gehört, wahrgenommen (empfunden) oder gedacht haben.

Also ist das Gedächtniswirken weder Wahrnehmung noch Überlegung [Bender: «Vermuthung»; Kreuz: «unterscheidendes Wissen»; King: «Auffassung»], sondern deren Betätigung (beim Denken) oder Affektion (bei der Wahrnehmung) (erst) nachdem (dazwischen) Zeit verflossen ist.

Es gibt aber, wie auch vorher gesagt, kein Gedächtnis des jetzigen (Augenblicks) im jetzigen (Augenblick), sondern die Wahrnehmung ist des Gegenwärtigen, die Hoffnung ist des Kommenden und das Gedächtnis ist des Vergangenen.

Aus diesem Grund ist (geschieht) alle Gedächtniswirksamkeit nach einer (gewissen) Zeit.

Sodass von den Lebewesen nur diejenigen Gedächtnis haben, welche die Zeit wahrnehmen (empfinden), und das Gedächtniswirken (geschieht) mit demselben (Teil oder Vermögen der Seele; lat.: illa parte animae), mit dem sie wahrnehmen (empfinden).

Von der Fantasie (φαντασία, fantasia: Organ der Vorstellungsbildung) ist früher in den (Erörterungen) *Über die Seele* [III, 3] gesagt worden, dass auch das Denken nicht ohne Vorstellung(sbildung) ist. Es ereignet sich dabei (in der Seele) dieselbe Affektion (πάθος: Affektion, Ein-druck; [Dönt: «Phänomen»; King: «Begleiteffekt»]) wie beim Zeichnen von (mathematischen) Figuren. Auch dort, wenn wir es auch nicht nötig haben, dass das Dreieck eine gewisse Größe hat, zeichnen wir trotzdem dasselbe begrenzt nach einer (bestimmten) Größe. Ebenso der Denkende, auch wenn er nicht ein Quantitatives denkt, stellt sich doch die Größe vor Augen, er denkt es aber nicht als eine Quantität. Wenn es die Natur der Größen ist (, die er denkt), aber unbestimmt, so setzt er sich (vor Augen) ein bestimmtes Quantitatives, denkt es aber nur als ein (nicht bestimmtes) Quantitatives.

[450a 7-16] διὰ τίνα μὲν οὖν αἰτίαν οὐκ ἐ
χεται νοεῖν οὐδὲν ἄνευ τοῦ συνεχοῦς, οὐδ' ἄνευ χρόνου τὰ
ἐν χρόνῳ ὄντα, λόγος ἄλλος· μέγεθος δ' ἀναγκαῖον γνω
ζειν καὶ κίνησιν ᾧ καὶ χρόνον· καὶ τὸ φάντασμα τῆς
νῆς αἰσθήσεως πάθος ἐστίν· ὥστε τοῦτο φανερὸν ὅτι τῷ πρώτῳ
σθητικῷ τούτων ἡ γνῶσίς ἐστιν· ἡ δὲ μνήμη καὶ ἡ τῶν ν
τῶν οὐκ ἄνευ φαντάσματός ἐστιν· ὥστε τοῦ νοητικοῦ κ
συμβεβηκὸς ἂν εἴη, καθ' αὑτὸ δὲ τοῦ πρώτου αἰσθητικ
διὸ καὶ ἑτέροις τισὶν ὑπάρχει τῶν ζῴων, καὶ οὐ μόνον
θρώποις καὶ τοῖς ἔχουσι δόξαν ἢ φρόνησιν.

[450a 7-16] Übers. Kreuz	[450a 7-16] Übers. King
Warum man übrigens nichts denken kann, ohne das Stetige, noch ohne Zeit das außer der Zeit Seyende, gehört in eine andere Untersuchung.	Weshalb es nun nicht möglich ist, was ohne das Kontinuum zu denk genauso wenig wie das, was nicht der Zeit ist, ohne Zeit – das ist eine andere Frage.
Größe aber und Bewegung muß man auf dieselbe Art erkennen, wie auch die Zeit, und die Vorstellung ist ein Zustand des gemeinschaftlichen Sinnes.	Doch ist [jedenfalls] Ausdehnung und Bewegung notwendigerweise mit dem zu erkennen, womit auch die Zeit [erkannt wird]; und die Vo stellung ist eine Affektion der gemeinsamen Wahrnehmung,
Somit geschieht offenbar die Kenntniß von jenen (der Größe und Bewegung) mit dem ursprünglichen Empfindungs-Vermögen.	so dass die Erkenntnis dieser Dinge offenbar durch das primäre Wahrnehmungsvermögen erfolgt.
Die Erinnerung aber, auch die des Gedachten ist nicht ohne Vorstellung.	Das Gedächtnis aber, auch das für Gedanken, ist nicht ohne Vorstell
So daß sie beziehungsweise auf das Denkende, an sich aber auf das erste und ursprünglich Empfindende ging.	möglich, so dass es in akzidentell Weise wohl zum Denkvermögen, sich aber zum primären Wahrnehmungsvermögen gehört.
Deshalb kommt sie auch einigen andern Thieren zu, und nicht allein dem Menschen, und den Thieren, die Meinung und Ueberlegung besitzen.	Daher kommt es auch einigen anderen Lebewesen zu und nicht nur den Menschen und Wesen, die Meinung oder Klugheit besitzen.

0a 7-16 – Übers. P. A.] Aus welchem Grund man nichts denken kann
ıe das (Raum-)Kontinuum [Kreuz: «das Stetige»; Bender: «das Zu-
ımenhängende»; Dönt: «Kontinuität»], und nichts ohne Zeit-(Ablauf
ı dem), was nicht in der Zeit ist, gehört einer anderen Untersuchung
Größe und Bewegung muss man (notwendigerweise) mit demselben
gan, Organismus) erkennen, mit dem wir (auch) die Zeit erkennen.
d die Vorstellung ist eine Affektion des (Raum-Zeit-)Gemeinsinnes
.: sensus communis). Daher ist es offenkundig, dass die (Er)Kenntnis
ı diesen (von Größe und Bewegung) durch das «erste Empfindungs-
er Wahrnehmungsorgan» (τῷ πρώτῳ αἰσθητικῷ, to proto aisthetiko:
nder: «durch das ursprüngliche, erste (Ur-)Wahrnehmungs-Organ»;
euz: «das erste und ursprünglich Empfindende»; King: «durch das
märe Wahrnehmungsvermögen»] geschieht. Das Gedächtnis, auch
des Gedachten, ist nicht ohne Vorstellung, sodass es (nur) zufällig
(Gedächtnis) des Denkvermögens ist, an sich aber ein (Gedächtnis-
ken) des ersten Empfindungsleibes ist. Deshalb ist es (ist das Ge-
htnis) auch in anderen Lebewesen vorhanden, und nicht nur in den
nschen und in den (Wesen), die Meinung und Überlegung haben.

[450a 16-25 – Übers. P. A.] Wenn es (die Gedächtniswirksamkeit) von einem der Denkorgane käme, wäre es nicht in vielen anderen Lebewesen vorhanden, gleichsam in keinem der (sterblichen) Tiere, da es (auch) jetzt deshalb nicht in allen ist, weil nicht alle eine wahrnehmende Empfindung der Zeit haben. Denn immer, wenn (ein Lebewesen) sich mit dem Gedächtnis betätigt, wie wir vorher gesagt haben, macht es dazu (damit) auch die Wahrnehmung (hat es damit auch die Empfindung), dass es früher (in der Zeit) war, dass es dieses (selbe) gesehen, gehört oder gelernt hat. Das Frühere und das Spätere sind aber in der Zeit.

Es ist offensichtlich, zu welchem der Seelenglieder das Gedächtniswirken gehört, denn es gehört demselben (Glied an), dem auch die Fantasie (die Einbildungskraft) innewohnt. Und das im Gedächtnis Wirkende ist in seinem Wesen (von Natur) Vorstellungsgebilde, und nur zufällig (nebenbei) ist es ohne Vorstellung.

[450a 25-32] ἀπορήσειε δ’ τις πῶς ποτὲ τοῦ μὲν πάθους παρόντος τοῦ δὲ πράγμα ἀπόντος μνημονεύεται τὸ μὴ παρόν. δῆλον γὰρ ὅτι δεῖ ν σαι τοιοῦτον τὸ γιγνόμενον διὰ τῆς αἰσθήσεως ἐν τῇ ψυ καὶ τῷ μορίῳ τοῦ σώματος τῷ ἔχοντι αὐτήν, οἷον ζωγ φημά τι τὸ πάθος, οὗ φαμὲν τὴν ἕξιν μνήμην εἶναι· ἡ γ γιγνομένη κίνησις ἐνσημαίνεται οἷον τύπον τινὰ τοῦ αἰσθή τος, καθάπερ οἱ σφραγιζόμενοι τοῖς δακτυλίοις.

[450a 25-32] Übers. Bender	[450a 25-32] Übers. Dönt
Man könnte nun aber fragen, wie es zugehe, daß man, indem die Affektion dauert, die Sache aber nicht mehr gegenwärtig ist, an das nicht Gegenwärtige sich erinnert. Es ist klar, daß man sich diese durch die	Nun kann man die Frage aufwerfe wie denn Gedächtnis in bezug auf was, das nicht gegenwärtig ist, mö lich ist: Der Eindruck ist vorhande aber das Objekt ist nicht vorhande Man muß dieses Phänomen, das du
Wahrnehmung in der Seele	die Wahrnehmung in der Seele
und dem die Wahrnehmung enthaltenden Theil des Körpers vor sich gehende Affektion, deren bleibendes	und in dem Teil des Körpers hervc gerufen wird, der die Seele in sich trägt, klarerweise
Vorhandennsein wir	als eine Art Bild verstehen:
unter der Erinnerung verstehen, vorstellen muß als eine Art von	Unter Gedächtnis verstehe ich, dass man dieses
Gemälde;	Bild besitzt.
denn die entstehende Bewegung	Denn die mit der Wahrnehmung a

zeichnet so zu sagen en Abdruck der gemachten Wahrnehmung ein, wie man beim Siegeln mit dem Siegelring thut.	tretende Bewegung läßt gleichsam einen Abdruck des Wahrnehmungsbildes zurück, wie wenn man mit einem Ring siegelt.

0a 25-32 – Übers. P. A.] Jemand könnte fragen, auf welche Weise (es chieht), dass, während die Gedächtnisempfindung vorhanden und Gegenstand des Gedächtnisses abwesend ist, man sich an den nicht ːhr) vorhandenen Gegenstand erinnert.

Es ist klar, dass man das, was sich der Seele – und dem Glied des rpers, das sie trägt – einprägt, wie das Empfangen einer Einzeichıg (einer Einprägung) denken muss, deren Dauerwirksamkeit (ἕξις, s, lat.: habitus; Verhaltensweise, Wirkungsweise) wir «Gedächt-» nennen. Denn die (durch die Wahrnehmung) erzeugte (Seelen-l Körper-)Bewegung prägt sich (ihnen) wie ein Abdruck (eine Vergelung) der Wahrnehmung ein, wie diejenigen, die (etwas) versien, (es) mit den Fingerringen (Siegelringen) tun.

[450a 32-450b 11 – Übers. P. A.] Aus diesem Grund entsteht kein Gedächtnis bei den einen, weil sie durch (Er)leiden oder Alter in heftiger Bewegung sind – wie wenn die (Wahrnehmungs)bewegung und ihr (Siegel-)Abdruck in fließendes Wasser hineinfallen würden –, und bei den anderen, weil sie abgerieben (abgenutzt) sind, wie das bei alten Gebäuden (der Fall) ist, und wegen der Verhärtung (Sklerotisierung) des Organs, das (den Eindruck) empfängt, (in ihm) kein Abdruck erzeugt wird.

Aus diesem Grund ist es auch, dass die sehr jungen und die alten (Menschen) ohne Gedächtnis sind. Denn die einen sind fließend wegen des Wachstums, die anderen wegen des Abnehmens.

Ähnlich erscheinen die allzu Schnellen und die allzu Langsamen beide nicht gedächtnisreich, denn die einen sind feuchter, die anderen härter als erforderlich. Bei den einen dauert das Vorstellungsbild in der Seele nicht fort, bei den anderen prägt es sich nicht (in den «Empfindungsleib», s. S. 132) ein.

Wenn das mit dem Gedächtniswirken Geschehende solcherart ist, erinnern wir uns an diesen erlittenen Abdruck oder an jenes Ding, von dem er (der Abdruck) erzeugt worden ist? Wenn wir uns an diesen (Abdruck «erinnerten»), dann würden wir uns an nichts Abwesendes (Vergangenes) erinnern. Wenn (wir uns) an jenes (den Abdruck erzeugendes Ding erinnern) ...

[450b 11-27] πῶς αἰσθανόμενοι τούτου μνημ
νεύομεν, οὗ μὴ αἰσθανόμεθα, τὸ ἀπόν; εἴ τ' ἐστὶν ὅμοιον ὥστ
τύπος ἢ γραφὴ ἐν ἡμῖν, τούτου αὐτοῦ ἡ αἴσθησις διὰ τί
εἴη μνήμη ἑτέρου, ἀλλ' οὐκ αὐτοῦ τούτου; ὁ γὰρ ἐνεργῶν
μνήμῃ θεωρεῖ τὸ πάθος τοῦτο καὶ αἰσθάνεται τούτου. πῶς ο
τὸ μὴ παρὸν μνημονεύει; εἴη γὰρ ἂν καὶ ὁρᾶν τὸ μὴ πα
καὶ ἀκούειν. ἢ ἔστιν ὡς ἐνδέχεται καὶ συμβαίνει τοῦτο; ο
γὰρ τὸ ἐν τῷ πίνακι γεγραμμένον ζῷον καὶ ζῷόν ἐστι καὶ
κών, καὶ τὸ αὐτὸ καὶ ἓν τοῦτ' ἐστὶν ἄμφω, τὸ μέντοι εἶ
οὐ ταὐτὸν ἐστιν ἀμφοῖν, καὶ ἔστι θεωρεῖν καὶ ὡς ζῷον καὶ ὡς
κόνα, οὕτω καὶ τὸ ἐν ἡμῖν φάντασμα δεῖ ὑπολαβεῖν
αὐτό τι καθ' αὑτὸ εἶναι [θεώρημα] καὶ ἄλλου φάντασμα.
μὲν οὖν καθ' ἑαυτό, θεώρημα ἢ φάντασμά ἐστιν, ᾗ δ' ἄλλ
οἷον εἰκὼν καὶ μνημόνευμα.

[450b 11-27] Übers. P. A.	[450b 11-27] Übers. King
... wie nehmen wir im Gedächtnis das Abwesende auf, das wir nicht wahrnehmen?	... wie würden wir dann durch die Wahrnehmung das im Gedächtnis haben, was wir nicht wahrnehmen, nämlich das Abwesende?
nn in uns etwas ähnlich einem druck oder einem Schriftzeichen geprägt, eingraviert, eingemei-) ist, wie ist die Wahrnehmung ebendiesem eine Erinnerung an andere, und nicht an dieses selbst?	Wenn [die Affektion] ähnlich wie ein Abdruck oder eine Zeichnung in uns ist – warum wäre dann die Wahrnehmung von [der Affektion] das Gedächtnis von etwas Anderem und nicht von dieser selbst?
n derjenige, der das Gedächtnis itigt, schaut dieses Erlittene (diesen druck) und nimmt (nur) dieses wahr.	Denn wer mit dem Gedächtnis aktuell tätig ist, betrachtet diese Affektion und nimmt sie wahr.
welche Weise erinnert er sich denn Nichtvorhandenen (des Nichtenwärtigen, Nichtanwesenden)?	Wie also hat er das nicht Anwesende im Gedächtnis?
Das wäre dann sehen und hören das, was nicht da ist.	Denn das wäre ja wie ein Sehen und Hören des nicht Anwesenden.
)der ist das der Fall, dass (gerade) dies (in uns) möglich ist und (real) attfindet? Wie das Tier, das auf eir Tafel gemalt ist, sowohl ein Tier auch ein Bild ist, wie dieses eine und dasselbe beides ist,	Oder gibt es einen Weg, wie dies sein kann und geschieht? Etwa so, wie das auf eine Tafel gemalte Lebewesen sowohl Zeichnung als auch Abbild ist und dasselbe und eine dies beides ist – obwohl freilich
as Sein aber nicht dasselbe in bein ist, wie man es anschauen (denken) kann als Tier und (oder) als Bild, so müssen wir auch für das orstellungsbild annehmen, dass es owohl etwas für sich als auch das Bild eines anderen ist.	das Wesen von beidem nicht dasselbe und es möglich ist, es ebensogut *als* eine Zeichnung wie auch *als* ein Abbild zu betrachten – genauso muss man auch die Vorstellung in uns als etwas auffassen, das sowohl an sich wie auch von anderem ist:
oweit es etwas an (und für) sich ist es Anschauung (Wahrnehng) und Vorstellungsbild, insoweit das Bild) eines anderen ist, ist es ein Gemälde und ein Gedächtnhalt (lat.: imago et memorabile).	Insofern sie etwas an sich ist, ist sie Betrachtung oder Vorstellung; insofern sie von anderem ist, ist sie wie ein Abbild und Gedächtnisgehalt.

[450b 27-451a 14 – Übers. P. A.] So (ist es) auch, wenn die Bewegung (κίνησις, kinesis: Bewegung, Prozess) desselben (des Gedächtnisinhaltes) in Gang ist: Wenn die Seele ihn wahrnimmt (empfindet) als für sich seiend, dann ist es wie das Entstehen eines Gedankens oder einer Vorstellung, wenn aber (die Seele) ihn als Abbildung eines anderen (wahrnimmt), dann ist es, wie wenn sie eine Zeichnung (ein Gemälde) als Abbildung (eines anderen) betrachtet, auch wenn sie den (Freund) Koriskos als (den realen) Koriskos nie gesehen hat. Hier ist der Eindruck der Beschauung (der Wahrnehmung) ein anderer, als wenn man ein Gemaltes (Tier) als (reales) Tier anschaut (auffasst): In der Seele entsteht der Gedächtnisinhalt das eine Mal nur als ein Gedanke (Begriff), das andere Mal, wie dort, als ein Abdruck (eines anderen).

Aus diesem Grund wissen wir manchmal (auch) nicht, wenn in der Seele solche Bewegungsvorgänge von einem früher Wahrgenommenen entstehen, ob dies als Folge des Wahrnehmens geschieht, und wir zweifeln, ob es ein Erinnern sei oder nicht. Manchmal aber entstehen gleichzeitig das Denken und das Gedächtnis (dessen), dass wir es früher gehört oder gesehen haben.

Dieses geschieht, wenn wir, beim Betrachten von etwas als es (als die Sache) selbst, uns (innerlich) umstellen und es als Bild eines anderen betrachten. Auch das Gegenteil kommt vor, wie es dem Antipheron aus Oreos und anderen Entrückten geschehen ist. Diese behaupteten, dass (ihre)

Vorstellungsbilder etwas (real) Geschehenes (wären), und dass sie sich (an sie) erinnern.

Dies geschieht, wenn jemand das (, was) nicht Abbild (ist), als ein Abbild ansieht.

Die (Rede-)Übungen (das Deklamieren) halten das Gedächtnis gesund für das Wiedererinnern. Dieses ist nichts anderes als ein häufiges Betrachten (einer Sache) als Bild (eines anderen), und nicht (als) an sich (seiend).

[451a 14-17] τί μὲν οὖν ἐστὶ μνήμη ἢ τὸ μνημονεύειν, εἴρηται, ὅτι φαντάσματος, ὡς εἰκόνος φάντασμα, ἕξις, καὶ τίνος μορίου τῶν ἐν ἡμῖν, ὅτι τοῦ ώτου αἰσθητικοῦ καὶ ᾧ χρόνου αἰσθανόμεθα.

[451a 14-17] Übers. Kreuz	[451a 14-17] Übers. Bender
Was nun das Erinnerungs-Vermögen und das Erinnern sey, davon ist gesagt, daß sie eine Eigenschaft einer Vorstellung sey, als eines Bildes on dem, dessen Vorstellung sie ist; uch ist gesagt, zu welchem Theile der Seele sie gehört, nämlich zum ursprünglich Empfindenden, und zu dem, womit wir die Zeit empfinden.	Damit ist denn das Wesen der Erinnerung und des Sicherinnerns dargelegt: es ist die Zuständlichkeit einer Vorstellung, sofern diese Bild dessen ist, worauf sie sich bezieht; auch der Theil unseres Wesens, welchem die Erinnerung angehört, ist bezeichnet: es ist dieß das Urorgan der Wahrnehmung, durch welches wir auch die Zeit wahrnehmen.

1a 14-17 – Übers. P. A.] Was das (im) Gedächtnis (gespeichert) Ha- n und das vom Gedächtnis bewegte Handeln ist, davon ist gesagt, ss es die Dauerwirksamkeit der Vorstellung ist, als Abdruck von dem ing), dessen Vorstellung sie ist; und (es ist gesagt), zu welchem (See- - und Körper-)Teil (Organ) in uns (es gehört): dass es dem ersten hrnehmungsorgan (-organismus gehört), mit dem wir auch die Zeit hrnehmen (empfinden).

QUELLEN:

Aristotelis Parva Naturalia, recognovit Guilelmus Biehl (Leipzig 1898). (Griechischer Text ohne Übersetzung).

(«Beare»:) *The Parva Naturalia, De Memoria et Reminiscentia,* by J. I. Beare (Oxford 1908).

(«Bender»:) *Die kleinen naturwissenschaftlichen Schriften (Parva Naturalia) des Aristoteles,* Uebersetzt von Hermann Bender (Stuttgart o. J. [1855]).

(«Caparello»:) S. Tommaso d'Aquino, *La conoscenza sensibile, Commenti ai libri di Aristotele* De sensu et sensato, De memoria et reminiscentia, Introduzione e traduzione a cura di Adriana Caparello (Bologna 1997).

(«Dönt»:)Aristoteles, *Kleine naturwissenschaftliche Schriften (Parva naturalia),* Übersetzt und herausgegeben von Eugen Dönt (Stuttgart 1997).

(«King»:) *Aristoteles, De memoria et reminiscentia,* Übersetzt und erläutert von R. A. H. King (Berlin 2004).

(«Kreuz»:) *Aristoteles Werke, Schriften zur Naturphilosophie,* Erstes Bändchen, Drei Bücher von der Seele, Uebersetzt von F. A. Kreuz (Stuttgart 1847).

(«Macierowski»:) St. Thomas Aquinas, *Commentaries on Aristotle's «On Sense and What Is Sensed» and «On Memory and Recollection»,* Translated with introduction and notes by Kevin White and Edward M. Macierowski (Washington 2005).

(«St.-Hilaire»:) *Psychologie d'Aristote, Opuscules* (Parva Naturalia), traduit ... par J. Barthélémy Saint-Hilaire (Paris 1847).

S. Thomae Aquinatis, *De sensu et sensato, De memoria et reminiscentia, Commentarium,* Editio III, R. M. Spiazzi (Turin 1973).

Aristoteles: «Über Gedächtnis und Erinnerung»

Kap. 2: Die Erinnerung

[451a 18-31 – Übers. Kreuz] Jetzt ist noch übrig, über das Wiedererinnern zu sprechen. – Zuerst nun also muß man das, was in den gemein verständlichen Untersuchungen hierüber wahr ist, als wirklich setzen. Und dies geht dahin, daß die Wiedererinnerung weder ist ein Wiederaufnehmen der Erinnerung, noch ein Setzen derselben; denn wenn man etwas zuerst gelernt oder einen Eindruck empfangen hat, nimmt man nicht wieder eine Erinnerung auf, (denn es ist keine solche vorher da gewesen); noch setzt man überhaupt anfänglich eine, sondern erst dann, wenn die Eigenschaft und der Zustand in der Seele Wurzel gefaßt hat, entsteht die Erinnerung. Daher bildet sie sich nicht sogleich mit dem eintretenden Zustand.

Ueberdies wenn der Zustand zuerst in dem Einzelwesen und zwar in dem Geringsten entstanden ist, so ist er sofort zwar in dem Leidenden, wie auch die Erkenntniß, wenn man anders die Beschaffenheit und den Zustand Erkenntniß nennen darf (es hindert aber nichts, Einiges, das wir wissen, beziehungsweise auch in die Erinnerung aufzunehmen). Jedoch ist das Erinnern an sich nicht vorhanden, bevor eine Zeit verflossen ist: denn man erinnert sich jetzt dessen, was man früher sah, oder litt; aber dessen, was man so eben litt, erinnert man sich nicht jetzt schon.

[451a 31-451b 10] ἔτι δὲ φανερ
ὅτι μνημονεύειν ἔστι μὴ νῦν ἀναμνησθέντα, ἀλλ' ἐξ ἀρχ
αἰσθόμενον ἢ παθόντα. ἀλλ' ὅταν ἀναλαμβάνῃ ἣν πρότερ
εἶχεν ἐπιστήμην ἢ αἴσθησιν ἢ οὗ ποτὲ τὴν ἕξιν ἐλέγομ
μνήμην, τοῦτ' ἐστὶ καὶ τότε τὸ ἀναμιμνήσκεσθαι τῶν
ρημένων τι. τὸ δὲ μνημονεύειν συμβαίνει καὶ ἡ μνήμη ἀκ
λουθεῖ. οὐδὲ δὴ ταῦτα ἁπλῶς, ἐὰν ἔμπροσθεν ὑπάρξαντα π
λιν ἐγγένηται, ἀλλ' ἔστιν ὡς, ἔστι δ' ὡς οὔ. δὶς γὰρ μαθε
καὶ εὑρεῖν ἐνδέχεται τὸν αὐτὸν τὸ αὐτό· δεῖ οὖν διαφέρε
τὸ ἀναμιμνήσκεσθαι τούτων, καὶ ἐνούσης πλείονος ἀρχῆς ἢ
ἧς μανθάνουσιν ἀναμιμνήσκεσθαι.

[451a 31-451b 10] Übers. Dönt	[451a 31-451b 10] Übers. P. A.
Ferner ist deutlich, daß es möglich ist, Gedächtnis nicht als Ergebnis einer gegenwärtigen Erinnerung, sondern einer ursprünglichen Wahrnehmung oder Erfahrung zu haben:	Zudem ist es offensichtlich, dass d Gedächtniswirken kein jetziges Sicherinnern ist, sondern (ein Wirk dessen, was man vom Anfang wah genommen oder erlitten hat.
Wenn man aber das Wissen oder die Wahrnehmung, die man früher hatte, oder was immer das Objekt des Gedächtnisses war, wiedererlangt, dann ist dies Erinnerung an eines dieser Dinge,	Wenn wir aber ein Wissen oder e Wahrnehmung wieder (erneut) auf nehmen, die wir früher gehabt hab und deren Dauerwirken wir «Gedächtnis» genannt haben, dann ist dieses auch ein Sicherinne an eines der genannten Dinge.
und Gedächtnishaben folgt darauf und Gedächtnis.	Das Gedächtniswirken geschieht (dann) gleichzeitig und das Gedächtnishaben folgt.
Doch auch dies gilt nicht einfach in jedem Fall, wo eine früher gewonnene Erfahrung erneuert wird, man muß hier differenzieren,	Aber dies geschieht keineswegs einfach (ohne Weiteres), sodass früher vorhanden gewesene (Dinge oder Vorgänge) wieder (in der See erzeugt werden, sondern manchm geschieht es, manchmal nicht.
denn ein und derselbe kann ein und dasselbe zweimal lernen und finden.	Beim zweimaligen Lernen geschieht ein Auftreffen desselben a

Erinnerung st davon notwendig unterschieden, und zwar muß sie auf einem Prinzip gründen, das höher ist als das, von welchem ausgehend man sich zu erinnern lernt.

dasselbe. Deshalb muss sich das Sicherinnern von all diesen Dingen unterscheiden, und es muss für das Sicherinnern eine größere (höhere) Wirkursache uns innewohnen als die, kraft derer wir (etwas) lernen.

[451b 10-452b 7 – Übers. King] Erinnerungen stellen sich ein, wenn genau diese Bewegung natürlicherweise genau jener folgt. Wenn dies aus Notwendigkeit [geschieht], dann ist klar, dass immer, wenn [jemand] mit jener [Bewegung] bewegt wurde, er auch mit dieser bewegt werden wird; wenn hingegen nicht aus Notwendigkeit, sondern kraft Gewohnheit, dann wird er in den meisten Fällen [in der genannten Abfolge] bewegt werden. (Es kommt vor, dass manche Leute nach nur einem Mal mehr gewohnt sind als andere, die oft bewegt werden.) Deshalb haben wir manches nach einmaligem Sehen mehr im Gedächtnis als anderes nach häufigem. Wenn wir uns nun erinnern, werden wir durch irgendeine frühere Bewegung bewegt, bis wir mit dieser bewegt werden, nach der jene gewöhnlich folgt. Deswegen fahnden wir auch nach dem [ihm] Nächstliegenden, indem wir vom Jetzt aus denken oder von etwas anderem, dem Ähnlichen oder Gegenteiligen oder Benachbarten aus. Dadurch kommt die Erinnerung zustande; denn die Bewegungen dieser sind teils dieselben, teils gleichzeitig, teils enthalten sie einen Teil, so dass das übrige Stück, das man nach jenem [Teil] bewegt wird, klein ist.

Eine Suche also veranstaltet man so, aber auch, wenn man nicht auf diese Weise sucht, erinnert man sich immer, wenn nach einer dieser Bewegungen jene geschieht. In der Mehrzahl der Fälle kommt, wenn die anderen so beschaffenen Bewegungen, die wir erwähnten, vor sich gegangen sind, jene zustande. Es ist keineswegs nötig, das weiter Entfernte zu untersuchen, wie wir es ins Gedächtnis rufen, sondern [nur] das Zunächstliegende; denn es ist klar, dass es immer auf dieselbe Art vor sich geht. Die Bewegungen nämlich folgen einander aufgrund von Gewohnheit, diese nach jener. Und wenn sich daher jemand erinnern will, wird er es so machen: Er wird suchen, ein Bewegungsprinzip zu fassen, auf das jene Bewegung erfolgen wird. Daher kommen Erinnerungen am schnellsten und besten von einem Prinzip aus zustande. Denn so wie sich die Sachen in ihrer Reihenfolge zueinander verhalten, so auch die Bewegungen. Leicht zu erinnern ist das, was wie die mathematischen Wissenschaften eine bestimmte Ordnung besitzt; während das schlecht [Geordnete] schwierig ist. Und dadurch unterscheidet sich das Erinnern vom Neu-Lernen, dass man irgendwie von sich aus zu dem bewegt werden kann, was dem [Bewegungs-]Prinzip folgt. Wenn nicht [von sich aus], sondern durch jemand anderes, dann hat man das [Betreffende] nicht mehr im Gedächtnis. Oft ist man bereits außerstande, sich zu erinnern, kann es aber durch Suchen und wird fündig. Letzteres wird einem zuteil, der viel in Bewegung setzt, bis er mit jener Bewegung bewegt wird, der die Sache folgt. Denn Gedächtnis-Haben ist das Innewohnen des bewegenden Vermögens; nämlich so, dass man aus sich selbst und von den Bewegungen aus, die man besitzt, bewegt wird. Doch muss man das Prinzip zu fassen bekommen. Deshalb scheinen sich Leute mitunter aufgrund der Gedächtniskunst zu erinnern. Der Grund dafür ist, dass sie schnell von dem einen zum anderen kommen, z. B. von ‹Milch› zu ‹weiß›, von ‹weiß› zu ‹Dunst› und von diesem zu ‹feucht›, von wo aus er sich den Herbst ins Gedächtnis ruft, da er nach dieser Jahreszeit auf der Suche war.

Einem Prinzip gleicht generell auch das Mittlere von allem. Wenn nicht früher, so wird man, wenn man zu ihm kommt, sich [das Gesuchte] ins Gedächtnis rufen, oder aber nicht mehr von irgendwoher sonst. Z. B. wenn jemand ΑΒΓΔΕΖΗΘ denkt: Falls er sich nicht bei Θ erinnert, dann wird er es bei Z; denn von da aus kann er zu beiden – sowohl H als auch E – bewegt werden. Wenn er aber keines von ihnen suchte, wird er sich zu Γ kommend erinnern, falls er Δ oder B sucht; wenn nicht, dann bei A und so [geschieht es] immer. Der Grund dafür aber, dass man sich von demselben [Punkt] aus manchmal erinnert und manchmal nicht, ist der Grund, dass man von demselben Prinzip aus zu mehrerem bewegt werden kann, z. B. von Γ nach Z oder Δ. Wird man nun durch etwas schon länger Vorhandenes bewegt, so bewegt man sich zu Geläufigerem hin; denn die Gewohnheit ist schon wie eine Natur. Daher erinnern wir uns schnell an das, was wir oft in Gedanken hatten; denn wie in der Natur dieses auf jenes folgt, so auch in einer Tätigkeit; das ‹Oftmals› aber schafft Natur. So wie in Naturdingen das Widernatürliche und das Zufällige geschieht, ist dies noch mehr der Fall in den Dingen aus Gewohnheit, denen nicht auf gleiche Weise Natur zukommt, so dass sie manchmal sowohl hierher als auch anders bewegt werden, zumal wenn sie etwas irgendwie von hier nach dort ablenkt. Aus diesem Grund machen wir, in dem Fall, dass man sich [z. B.] an einen Namen erinnern soll, in Bezug auf ihn Fehler, wenn wir einen ähnlichen kennen. Das Erinnern also geschieht auf diese Weise.

[452b 7-13]

τὸ δὲ μέγιστον, γνωρίζειν δεῖ τὸν χρόνον, ἢ μέτ
ἢ ἀορίστως. ἔστω δέ τι ᾧ κρίνει τὸν πλείω καὶ ἐλάττω·
λογον δ' ὥσπερ τὰ μεγέθη· νοεῖ γὰρ τὰ μεγάλα
πόρρω οὐ τῷ ἀποτείνειν ἐκεῖ τὴν διάνοιαν, ὥσπερ τὴν ὄψ
φασί τινες (καὶ γὰρ μὴ ὄντων ὁμοίως νοήσει), ἀλλὰ
ἀνάλογον κινήσει· ἔστι γὰρ ἐν αὐτῇ τὰ ὅμοια σχήματα
κινήσεις.

[451b 7-13 – Übers. P. A.] Das Wichtigste (beim Sicherinnern) ist, d
wir die Zeit erkennen (denken) müssen – sei es abgemessen, sei es
bestimmt. Es muss also (in uns) etwas (ein Organ) sein, mit dem
den längeren (Zeitablauf) und den kürzeren unterscheiden. Das w
(von uns so) vernünftig («gut») gedacht wie die Größen (die Ausd
nungen im Raum). Denn wir denken die Dinge, die (eine) Größe ha

fern sind, nicht mit einem Erstrecken des Denkens bis dort(hin, sie sind), wie manche (das) vom Sehen behaupten – denn wir den- sie auf gleiche Weise, wenn sie nicht (fern) sind –, sondern mit ei- n (Denk-)Vorgang, der ihrer logischen (Struktur) entspricht. Denn hm (im Denken) selbst sind dieselben (die den Dingen entsprechen-) (Raum-)Strukturen und (Zeit-)Vorgänge.

452b 7-13] Übers. Beare (engl.)	[452b 7-13] Übers. St.-Hilaire (franz.)
But the point of capital importance	Ce qu'il y a de plus important ici
is that [for the purpose of recol-	c'est d'apprécier le temps,
ection] one should cognize, deter-	soit d'une manière précise,
minately or indeterminately, the	soit d'une manière indéterminée.
ne-relation [of that which he wish-	
es to recollect]. There is,– let it be	Admettons qu'il y ait
en as a fact,– something by which	quelque chose dans l'esprit
one distinguishes a greater and a	qui discerne un temps plus long et
smaller time;	un temps plus court;
d it is reasonable to think that one	et il est tout simple qu'il en soit en
oes this in a way analogous to that	ceci comme pour les grandeurs.
in which one discerns	Ainsi, l'esprit pense les choses qui
[spatial] magnitudes.	sont grandes et éloignées;
'or it is not by the mind's reaching	et il ne faut pas pour cela que la pen-
out towards them, as some say a	sée s'étende au dehors d'elle-même,
sual ray from the eye does [in see-	comme on prétend dans quelques
], that one thinks of large things at	théories que s'étend la vision, parce
distance in space (for even if they	qu'en effet l'esprit peut penser tout
are not there, one may	aussi bien ces choses, même quand
similarly think them);	elles n'existent pas;
ut one does so by a proportionate	mais l'esprit agit par un mouvement
mental movement.	proportionnel,
For there are in the mind	parce qu'il y a dans la pensée
the like figures and movements	des formes et des mouvements
[i. e. ‹like› to those	semblables à ceux
of objects and events].	des objets.

[453b 13-453a 4 – Übers. Dönt] Worin besteht nun der Unterschied, wenn man an größere Objekte denkt, zwischen dem Denken an diese und dem an kleinere? Die Bilder im Innern der Seele sind immer kleiner, und zwar proportional zu den äußeren Objekten. Vielleicht ist es möglich, in sich selbst ein Analogon – wie zu den Wahrnehmungsgegenständen – auch zu den Zeitabständen zu finden. Ungefähr so: Wenn jemand die Bewegungen AB und BE ausführt, vollzieht er die wirkliche Bewegung CD nach. Denn AC und CD stehen in analogem Verhältnis. Warum aber vollzieht er eher die Bewegung CD nach als die Bewegung FG? Wohl deshalb, weil sich AC zu AB wie H zu I verhält. Also vollzieht er diese Bewegungen gleichzeitig. Doch wenn man FG denken will, denkt man ebenso BE, aber statt HI denkt man KI, die zueinander im Verhältnis FA zu BA stehen.

Wenn also gleichzeitig die Bewegung des Ereignisses und der Zeit eintritt, dann wirkt das Gedächtnis. Wenn man glaubt, dies sei der Fall, ohne daß es tatsächlich der Fall ist, dann glaubt man, das und das im Gedächtnis zu haben. Denn es ist durchaus möglich, daß man sich diesbezüglich im Irrtum befindet und meint, man habe das und das im Gedächtnis, ohne daß dies wirklich der Fall ist. Andererseits ist es unmöglich, daß das Gedächtnis wirksam ist und man nicht zugleich dafürhält, daß dies so ist, sondern sich dessen, daß man sich erinnert, nicht bewußt ist. Eben darin lag ja das Wesen des Gedächtnisses begründet.

Tritt die mit dem Ereignis verbundene Bewegung ohne die mit der Zeit verbundene auf oder umgekehrt, kann nicht von Gedächtnis gesprochen werden. Die mit der Zeit in Zusammenhang stehende Bewegung ist zweifach zu verstehen: denn mitunter hat man nicht exakt den Zeitabstand im Gedächtnis – z. B. daß man das und das zwei Tage zuvor getan hat –, mitunter hat man ihn exakt im Gedächtnis; gleichwohl liegt auch im ersten Fall Gedächtnis vor. Man pflegt ja zu sagen, man habe etwas im Gedächtnis, nur wisse man das Datum nicht, wenn man eine exakte Zeitangabe nicht zu machen vermag.

Fortsetzung nächste Seite

[453a 4-453b 10] ὅτι μὲν οὖν οὐχ οἱ
τοὶ μνημονικοὶ καὶ ἀναμνηστικοί, ἐν τοῖς πρότερον εἴρη
διαφέρει δὲ τοῦ μνημονεύειν τὸ ἀναμιμνήσκεσθαι οὐ μό
κατὰ τὸν χρόνον, ἀλλ' ὅτι τοῦ μὲν μνημονεύειν καὶ τῶν
λων ζῴων μετέχει πολλά, τοῦ δ' ἀναμιμνήσκεσθαι οὐδὲν
εἰπεῖν τῶν γνωριζομένων ζῴων, πλὴν ἄνθρωπος. αἴτιον δ'
τὸ ἀναμιμνήσκεσθαί ἐστιν οἷον συλλογισμός τις· ὅτι
πρότερον εἶδεν ἢ ἤκουσεν ἤ τι τοιοῦτον ἔπαθε, συλλογίζετα
ἀναμιμνησκόμενος, καὶ ἔστιν οἷον ζήτησίς τις. τοῦτο δ' οἷς
τὸ βουλευτικὸν ὑπάρχει, φύσει μόνοις συμβέβηκεν· καὶ
τὸ βουλεύεσθαι συλλογισμός τίς ἐστιν.

ὅτι δ' ἐστὶ σωματι
τὸ πάθος καὶ ἡ ἀνάμνησις ζήτησις ἐν τοιούτῳ φαντάσ
τος, σημεῖον τὸ παρενοχλεῖν ἐνίους, ἐπειδὰν μὴ δύνων
ἀναμνησθῆναι καὶ πάνυ ἐπέχοντες τὴν διάνοιαν, καὶ οὐκ
ἐπιχειροῦντας ἀναμιμνήσκεσθαι οὐδὲν ἧττον, καὶ μάλι
τοὺς μελαγχολικούς· τούτους γὰρ φαντάσματα κινεῖ μάλισ
αἴτιον δὲ τοῦ μὴ ἐπ' αὐτοῖς εἶναι τὸ ἀναμιμνήσκεσθαι,
καθάπερ τοῖς βάλλουσιν οὐκέτι ἐπ' αὐτοῖς τὸ στῆσαι, οὕτως
ὁ ἀναμιμνησκόμενος καὶ θηρεύων σωματικόν τι κινεῖ, ἐν
τὸ πάθος. μάλιστα δ' ἐνοχλοῦνται οἷς ἂν ὑγρότης τύχῃ
άρχουσα περὶ τὸν αἰσθητικὸν τόπον· οὐ γὰρ ῥᾳδίως παύε
κινηθεῖσα, ἕως ἂν ἐπανέλθῃ τὸ ζητούμενον καὶ εὐθυπορήσ
κίνησις. διὸ καὶ ὀργαὶ καὶ φόβοι, ὅταν τι κινήσωσιν, ἀν
κινούντων πάλιν τούτων οὐ καθίστανται, ἀλλ' ἐπὶ τὸ αὐτὸ ἀν
κινοῦσιν. καὶ ἔοικε τὸ πάθος τοῖς ὀνόμασι καὶ μέλεσι
λόγοις, ὅταν διὰ στόματος γένηταί τι αὐτῶν σφόδρα· πα
σαμένοις γὰρ καὶ οὐ βουλομένοις ἐπέρχεται πάλιν ᾄδειν
λέγειν. εἰσὶ δὲ καὶ οἱ τὰ ἄνω μείζω ἔχοντες καὶ οἱ ναν

ς ἀμνημονέστεροι τῶν ἐναντίων διὰ τὸ πολὺ βάρος ἔχειν
ι τῷ αἰσθητικῷ, καὶ μήτ' ἐξ ἀρχῆς τὰς κινήσεις δύνα-
αι ἐμμένειν ἀλλὰ διαλύεσθαι μήτ' ἐν τῷ ἀναμιμνήσκε-
αι ῥᾳδίως εὐθυπορεῖν. οἱ δὲ πάμπαν νέοι καὶ λίαν γέρον-
; ἀμνήμονες διὰ τὴν κίνησιν· οἱ μὲν γὰρ ἐν φθίσει, οἱ δ'
αὐξήσει πολλῇ εἰσίν· ἔτι δὲ τά γε παιδία καὶ νανώδη
ι μέχρι πόρρω τῆς ἡλικίας. περὶ μὲν οὖν μνήμης καὶ
ῦ μνημονεύειν, τίς ἡ φύσις αὐτῶν καὶ τίνι τῶν τῆς
χῆς μνημονεύει τὰ ζῷα, καὶ περὶ τοῦ ἀναμιμνήσκεσθαι,
ἐστι καὶ πῶς γίνεται καὶ διὰ τίνας αἰτίας, εἴρηται.

3a 4-453b 10 – Übers. P. A.] Dass es nicht dieselben (Menschen) d, die ein gutes Gedächtnis haben, und die sich gut erinnern können, in den vorhergehenden (Ausführungen) gesagt (worden).

Das Sicherinnern unterscheidet sich von der Gedächtniswirksam- t nicht nur der Zeit nach, sondern auch danach, dass die Gedächt- tätigkeit auch viele andere Lebewesen (Tiere) in sich haben, das herinnern hingegen sozusagen keines der uns bekannten Tiere au- dem Menschen.

Die Ursache (davon) ist, dass das Sicherinnern eine Art Schluss- gerung («Syllogismus») ist. Derjenige, der sich erinnert, schluss- gert (denkt), dass er dergleichen (schon mal) früher gesehen, ge- t oder erlitten (empfunden, erlebt) hat; und das ist wie eine Unter- hung (ein Suchen).

Dieses geschieht von Natur nur in den (Wesen), in denen auch das erlegungsvermögen (die Planungs- oder Zielsetzungsfähigkeit) vorhanden ist. Denn auch das Überlegen (Beraten, Beratschlagen, I schließen) ist eine (Art von) Schlussfolgerung.

Dass die Erinnerung (zugleich) ein Prozess (eine Bewegung) Körper und das Suchen nach einem Vorstellungsabdruck in dies ist, (dafür ist) ein Zeichen, dass manche beunruhigt sind, wenn sie s nicht erinnern können, obwohl sie das Denken voll betätigen – u wenn sie (vom Denken) keinen Gebrauch machen, sind sie es kein wegs weniger, und (dies gilt) am meisten für die Melancholiker, de die Vorstellungsbilder bewegen diese am meisten.

Die Ursache dessen, dass das Sicherinnern nicht in unserer Ma liegt, ist die, dass – wie diejenigen, die (einen Gegenstand) werfen, nicht mehr in der Hand haben, ihn zum Stillstand zu bringen –, so d jenige, der sich erinnert und (nach etwas) fahndet, «wirft» etwas in e Bewegung in dem Körper, in dem der Wahrnehmungsabdruck liegt

Am meisten sind diejenigen beunruhigt, denen das Vorhandens von Feuchtigkeit an dem Ort um das Wahrnehmungsorgan zuteil wi Denn einmal in Bewegung versetzt, hört (die Feuchtigkeit) nicht lei auf, bis der Vorgang geradewegs zum Gesuchten gelangt.

Deshalb auch die Zorn- und Furcht-(Erregungen), wenn sie etv (im Empfindungsorganismus) in Bewegung setzen und wir ihnen w der entgegenwirken, nicht (gleich) aufhören, sondern sich fort auf d selbe (Ziel) hin bewegen.

Eine solche Erregung gleicht der bei Namen, Melodien und Sp chen, wenn etwas von ihnen den Mund ungestüm verlässt: Wenn aufhören und nicht weiterwollen, geschieht es uns, dass wir forts gen oder -deklamieren.

Menschen, deren obere Körperteile größer sind, und die Zwerg-
gen, erinnern sich weniger gut als die von entgegengesetzter (Kör-
konstitution), weil sie viel Gewicht auf ihrem Empfindungsorgan
ten) haben. Dessen Bewegungen (Prozesse) können weder von An-
g an fortdauern – sondern werden aufgelöst –, noch können sie sich
n Sicherinnern unbeschwert fortbewegen.

Die ganz jungen und die ganz alten (Menschen) sind ohne Ge-
htnis aufgrund eines (Körper-)Prozesses: Die einen sind in rascher
nahme, die anderen in starkem Wachstum (begriffen). Die kleinen
der sind bis zu einem vorgerückten Lebensalter auch zwergartig.

Über das Ins-Gedächtnis-Prägen und das gedächtnisbewirkte Ver-
en ist gesagt worden, welches ihre Natur ist und mit welchem See-
glied die Lebewesen sich gedächtnisbegabt verhalten. Und über das
herinnern ist gesagt, was es ist, wie und durch welche Ursachen es
tande kommt.

Fortsetzung nächste Seite

Thomas-Kommentar zum Schluss von Kap. 2 (s. S. 178-181)

TEXTUS ARISTOTELIS

(Caput II)

Bekker 453 **208.** Quod quidem igitur non iidem sunt memorativi et reminiscitivi, in prioribus dictum est. Differt autem memorari a reminisci non solum secundum tempus: sed quoniam ipso quidem memorari et aliorum animalium participant multa, sed reminisci nullum (ut est dicere) eorum quae cognoscuntur animalium, nisi homo: causa autem quia reminisci est ut syllogismus quidam. Quod enim prius aut vidit aut audivit, aut aliquid huiusmodi passus fuit, syllogizat reminiscens: et est ut inquisitio quaedam. Hoc autem quibus et deliberativum inest natura, solum accidit; et namque deliberare syllogismus quidam est.

209. Quod autem corporea quaedam passio et inquisitio in tali phantasmatis, sit reminiscentia, signum est turbari quosdam, cum non possunt reminisci; et valde adhibentes intelligentiam quamvis a cogitando desistant, nec amplius conentur reminisci, nihilo tamen minus molestia quadam confici. Id quod accidit maxime melancholicis. Hos enim phantasmata movent maxime.

210. Causa autem eius quod non in seipsis est reminisci haec est: quia sicut proiicientibus non amplius in ipsis sistere, sic et reminiscens et investigans corporale aliquod movet, in quo passio est.

211. Maxime autem turbantur qu humiditas fuerit circa locum sensitiv Non enim facile quiescit mota, qu que pertingat ad id quod quaeritur recte procedat motus.

212. Unde et irae et timores cum tra moverint et contra moventibus ite his, non sedantur: sed ad idem co removent.

213. Et comparatur haec passio minibus et melodiis et ratiocinationib cum per os fiat aliquod ipsorum. Va pausantibus enim et non volentibus cidit iterum cantare aut dicere.

314. Sunt autem et superiora
b iora habentes et nani peius memor quam contrarii: propter id quod g tatem multum habent in sensitivo quia neque a principio motus pos immanere, sed dissoluti sunt: nequ reminiscendo facile recte procedunt. nitus autem novi et multum senes memores sunt propter motum, hi dem enim decremento, illi vero in gmento multo sunt. Amplius autem iusmodi pueri qui nanosi sunt usqu longam aetatem. De memoria qui igitur et memorari, quae sit natura rum et qua earum partium, quae animae, memorantur animalia: et reminisci quid sit, et quomodo fi propter quam causam, dictum est.

COMMENTARIUM S. THOMAE

398. — Postquam Philosophus ostendit modum reminiscendi, *nunc ostendit differentiam memoriae et reminiscentiae.*

Innuit autem [208] *tres differentias*: quarum *prima* est ex aptitudine ad utrumque. Dictum est enim supra (1) quod non iidem homines sunt bene memorativi et reminiscitivi. *Secunda* autem differentia est ex parte temporis, quia scilicet reminiscentia, cum sit via ad memoriam, tempore ipsam praecedit, ut ex praedictis patet (2). *Tertia* differentia est ex parte subiecti in quo utrumque eorum inveniri potest: quia hoc quod est memorari, multa alia animalia participant praeter hominem, ut etiam supra dictum est (3); sed nullum animal quod a nobis cognoscatur, reminiscitur, nisi homo, quod quidem dicit, quia apud quosdam dubium fuit, an aliquod animal esset rationale praeter hominem.

399. — Causa autem quare soli homini convenit reminisci, est quia reminiscentia habet similitudinem cuiusdam syllogismi; quare, in syllogismo pervenitur ad conclusionem aliquibus principiis, ita etiam in reminisc aliquis quodam modo syllogizat se prius quid vidisse, aut aliquo alio modo percep ex quodam principio in hoc deveniens: e miniscentia est quasi quaedam inquisitio, non a casu reminiscens ab uno in aliud, cum intentione deveniendi in memoriam cuius procedit. Hoc autem, scilicet quod quis inquirat in aliud pervenire, solum illis cidit, quibus inest naturalis virtus ad de randum: quia etiam deliberatio fit per dum cuiusdam syllogismi; deliberatio a solis hominibus competit: cetera vero an lia non ex deliberatione, sed ex quodam rali instinctu operantur.

(1) nn. 301; 330-334; 370-383.
(2) n. 386.
(3) n. 323-325.

400. — Deinde cum dicit « quod tem » [209]

Ostendit qualis passio sit reminiscentia. enim dixerat (4) quod reminiscentia est

(4) n. 399.

ogismus quidam: syllogizare autem est actus onis, quae non est actus corporis cuiusdam, probatur secundum *de Anima* (5), posset ui videri quod reminiscentia non esset pascorporea, idest operatio exercitata per orum corporale. Philosophus autem ostencontrarium.

01. — Et primo *quidem* (6) *per quoddam d accidit reminiscentibus* [209]. Secundo eos qui habent impedimentum reminiscen-, ibi [214], « Sunt autem et superiora ».

'irca primum tria facit. Primo *inducit acns praedictum* [209]. Secundo assignat cau- praedicti accidentis, ibi [210], « Causa au- eius ». Tertio manifestat per simile, [212], « Unde et irae et timores ».

icit ergo *primo* [209], quod signum huius d reminiscentia sit quaedam corporea pas- sive existens inquisitio phantasmatis in tali, t in aliquo particulari, vel in tali, idest quodam organo corporeo, est, quod cum lam non possunt reminisci turbantur, id quadam inquietudine sollicitantur, et e apponunt mentem ad reminiscendum. Et ontingat quod iam de cetero non conentur reminiscendum, quasi cessante a proposito iniscendi, nihilominus adhuc inquietudo il- ogitationis remanet in eis; et hoc maxime ingit in melancholicis, qui maxime moven- a phantasmatibus: quia propter terrestrem ram, impressiones phantasmatum magis antur in eis.

02. — Deinde cum dicit « causa au- » [210]

ssignat causam praedicti accidentis.

t primo *ponit causam* [210]. Secundo osten- in quibus maxime locum habet, ibi [211], axime autem turbantur ».

irca primum [210] considerandum est, quod ationes, quae sunt partis intellectivae abs- organo corporali, sunt in sui arbitrio ut it ab eis desistere cum voluerit. Sed non st de operationibus quae per organum cor- le exercentur: quia non est in potestate inis quod ex quo organum corporale est eius passio statim cesset. Et ideo dicit d causa eius, quod est reminisci, non ita in ipsis reminiscentibus, idest in potestate m, ut scilicet possint desistere cum vo- nt: quia sicut accidit proiicientibus quod quam moverint corpus proiectum, non est lius in eorum potestate ut sistant, sic etiam niscens et quicumque investigans per or- m corporale, movet corporale organum in est passio. Unde non statim motus ces- cum homo voluerit.

03. — Deinde cum dicit « maxime au- » [211]

stendit in quibus maxime praedicta causa m habeat. Et dicit quod maxime turbantur, idest commoventur in reminiscendo illi, quibus humiditas abundat circa locum ubi sunt organa sensuum, puta circa cerebrum et circa cor: quia humiditas mota non de facili quiescit, quousque occurrat illud quod quaeritur, et motus inquisitionis procedat recte usque ad terminum. Nec est contrarium quod supra dixit (7), hoc maxime accidere melancholicis, qui sunt siccae naturae: quia in illis contingit propter violentam impressionem, in his autem propter facilem commotionem.

404. — Deinde cum dicit « unde et » [212]

Manifestat quod dixerat per similie. Et ponit *duo similia.* Quorum *primum* est de passionibus animae, quibus organum corporale quodam modo commovetur. Et dicit quod quando ira, vel timor, vel concupiscentia, vel si quid huiusmodi movetur contra aliquod obiectum, etiam si homines velint in contrarium movere, retrahendo se ab ira vel timore, non sedatur passio, sed contra idem adhuc movetur: quod contingit, quia commotio corporalis organi non statim quietatur.

405. — *Secundum simile* ponit ibi [213], « et comparatur ».

Et dicit quod praedicta passio, quae accidit in reminiscendo, comparatur nominibus et melodiis et ratiocinationibus cum aliquod eorum cum aliqua intentione per os proferatur, sicut accidit his qui cum magna intentione recitant, nominant, vel cantant, vel argumentantur: quia quando ipsi volunt desistere, adhuc praeter intentionem eorum accidit quod cantent, vel aliquid proferant, propter hoc quod motus pristinae imaginationis adhuc manet in organo corporali.

406. — Deinde cum dicit « sunt autem » [214]

Manifestat propositum per hoc quod reminiscentia *impeditur per aliquam corporalem dispositionem.* Et ponit *duas* dispositiones corporales impedientes reminiscentiam. Quarum *primam* ponit dicens, quod illi qui habent membra superiora maiora quam inferiora, quae est dispositio nanorum, quia habent curtas tibias, et superiorem partem corporis proportionaliter maiorem, sunt peius memorativi, quam illi qui habent contrariam dispositionem, propter hoc, quod organum sensitivum in eis, quod est in superiori parte, est aggravatum in eis multitudine materiae, et propter hoc nec motus sensibilium in eis diu possunt permanere, sed cito dissolvuntur propter confusionem humorum, quod pertinet ad defectum memoriae; nec etiam de facili possunt recte procedere reminiscendo: quia non possunt regulare motum materiae, quod pertinet ad defectum reminiscentiae.

407. — *Secunda dispositio impediens* est, quod illi qui sunt penitus novi, sicut pueri nu-

Cap. V, 6 (apud S. Th., lect. XII, 377-380).

Al. quod est.

(7) n. 401.

per nati et multum senes sunt immemores, propter motum augmenti qui est in pueris, et decrementi qui est in senibus, ut supra dictum est (8), haec dispositio partim convenit cum prima, scilicet quantum ad pueros, qui usque ad longam aetatem sunt nanosi, quasi habentes superiorem partem corporis maiorem.

408. — Sic ergo patet quod reminiscentia est corporalis passio, nec est actus partis intellectivae, sed sensitivae, quae etiam in homine est nobilior et virtuosior quam in aliis

(8) n. 332.

animalibus propter coniunctionem ad in ctum. Semper enim quod est inferioris or perfectius fit suo superiori coniunctum, aliquid de eius perfectione participans.

409. — Ultimo autem *epilogando* co dit quod dictum est de memoria et mem quae sit natura ipsorum, et per quam pa animae animalia memorantur (9), et sin de reminiscentia quid sit, et quomodo fi propter quam causam (10).

(9) nn. 298-349.
(10) nn. 350-408.

[**453a 4-453b 10** – Thomas-Kommentar; Übers. P. A.]

398. – Nachdem der Philosoph (Aristoteles) dargelegt hat, auf welche Weise das Gedächtnis wirkt, *zeigt er jetzt den Unterschied zwischen Gedächtnis und Erinnerung auf.*

Er weist auf *drei Unterschiede* hin. Von diesen ist *der erste* (*Unterschied*) der von der Eignung zu den beiden. Es ist oben nämlich gesagt worden, dass es nicht dieselben Menschen sind, die im Gedächtniswirken oder im Sicherinnern gut sind. Der *zweite Unterschied* ist dann vonseiten der Zeit, weil das Sicherinnern, das der Weg zum Gedächtnis(inhalt) ist, in der Zeit dem Gedächtnis(inhalt) selbst vorangeht, wie aus dem Gesagten ersichtlich ist. Der *dritte Unterschied* ist vonseiten des Subjekts, in dem man jedes der Zweien finden kann. Denn an dem, was das Gedächtnis(haben und -wirken) ist, haben neben dem Menschen viele andere Tiere Anteil, wie auch oben (450a 15-18) gesagt worden ist, aber keines der Tiere, die uns bekannt sind, kann sich erinnern, außer dem Menschen. Das sagt er, weil bei manchen der Zweifel aufgekommen ist, ob denn nicht auch manches Tier neben dem Menschen mit Denkvermögen ausgestattet sei.

399. – Die Ursache dessen, dass dem Menschen allein das Sicherinnern zukommt, ist die, dass das Sicherinnern ähnlich einer Art Schlussfolgerung (Syllogismus) ist. So wie man in einer Schlussfolgerung aus gewissen Prämissen (Ausgangspunkten) zu einem Schluss kommt, so auch im Sicherinnern überlegt jemand, dass er früher etwas gesehen oder in anderer Weise wahrgenommen hat, und aus irgendeinem Ausgangspunkt zu diesem (Gesehenen/Wahrgenommenen) kommt. Das Sicherinnern ist wie eine Untersuchung, weil sie nicht zufällig von einem zum anderen (fortschreitet), sondern mit der Absicht, einen gewissen Gedächtnisinhalt zu erreichen. Dieses aber, dass jemand etwas anderes zu erreichen beabsichtigt, geschieht nur in den (Wesen), denen ein naturgegebenes Überlegungsvermögen innewohnt, weil auch das Überlegen durch eine Art Schlussfolgerung geschieht. Das Schlussfolgern kommt aber ausschließlich dem Menschen zu. Die anderen Tiere verhalten sich nicht infolge des Überlegens, sondern aus irgendeinem natürlichen Instinkt.

400. – Wo er (Aristoteles) dann sagt: «Dass die Erinnerung (zugleich) ein Prozess ... (S. 180)», *zeigt er, welche Art von (körperlichem) Affiziertwerden (Einprägung) die Erinnerung ist.* Denn er hatte gesagt, dass das Sicherinnern eine Art Schlussfolgerung ist. Da aber das Schlussfolgern eine Tätigkeit des Denkens ist, die (als solche) nicht das Wirken irgendeines Körper-(Organs) ist – wie das in *Über die Seele* (II 2, 413a 6-7) dargelegt wird –, so könnte jemand meinen, dass die Erinnerung keine körperliche Prägung darstellt, das heißt keine Tätigkeit ist, die mittels eines Körperorgans ausgeübt wird. Aber der Philosoph beweist das Gegenteil.

401. – (Er beweist es) erstens durch (den *Hinweis auf) etwas, was dem Sicherinnernden geschieht,* zweitens durch diejenigen, die beim Erinnern ein Hindernis erleben – dort, wo er sagt: «Menschen, deren obere Körperteile ... (S. 181)».

Über das Erste macht er drei (Dinge): Erstens *führt er das erwähnte Hindernis an;* zweitens weist er dem erwähnten Hindernis die Ursache zu – dort, wo er sagt: «Die Ursache dessen, dass das Sicherinnern nicht ... (S. 180)»; drittens zeigt er es durch ein Beispiel, wo er sagt: «Deshalb auch die Zorn- und Furcht-(Erregungen) ... (S. 180)».

Als Erstes sagt er also: Das Zeichen dafür, dass die Erinnerung eine gewisse Prägung des Körpers und das Suchen eines Wahrnehmungsabdrucks in einem einzelnen (Körperelement) oder in einem Organ(-System), (das Zeichen dafür) ist, dass manche beunruhigt sind, wenn sie sich nicht erinnern können. Das heißt, sie werden erregt von einer Beunruhigung und in ihrem Denken zielen sie heftig nach der Erinnerung. Und wenn es so kommt, dass sie nicht mehr nach Erinnerung streben und mit ihrer Absicht aufhören, jene Unruhe im Denken nicht weniger in ihnen bestehen bleibt. Dieses geschieht am meisten in den Melancholikern, die am stärksten von den Vorstellungsbildern bewegt werden.

Wegen ihrer erdverwandten Natur prägen sich stärker in ihnen die Spuren der Vorstellungen ein.

402. – Dann sagt er: «Die Ursache dessen, dass das Sicherinnern nicht ... (S. 180)».

Er gibt die Ursache des erwähnten Hindernisses an.

Er *gibt* erstens *die Ursache an;* zweitens zeigt er in welchen Menschen sie am meisten wirksam ist – dort, wo er sagt: «Am meisten sind diejenigen beunruhigt ... (S. 180)».

;3a 20-23] Übers. Macierowski (engl.)	[453a 20-23] Übers. Caparello (ital.)
regard to the first point, it must be served that the activities that belong the intellective part of the soul aside m any bodily organ fall within one's n choice, so that one can cease from m whenever one wishes to do so, t such is not the case with the activis that are performed through a bodiorgan, since it is not in the power of n that his being affected – precisely omuch as the organ is purely corpol – should cease at once.	Riguardo al primo punto si deve considerare che le operazioni che sono proprie della parte intellettiva senza un organo corporeo sono soggette all'arbitrio dell'uomo in modo che egli può desistere da esse quando vuole; non è così invece per quelle operazioni che si esercitano per mezzo di un organo corporeo, poiché non è in potere dell'uomo [far sì] che, una volta che l'organo corporeo è stato mosso, la sua passione cessi subito.
Thus he says that the *cause of the t that recollecting does not* seem *to in* the recollectors *themselves,* that in their power, such that they could ise whenever they wanted, is this – *ce, just as* it happens with those o throw something, after they have in motion the body that they have own, it is *no longer in* their powthat it stop, *so* also the recollector *d* anyone else *tracking* something wn by using a bodily organ *moves bodily* organ, *in which the affection sts;* hence the movement does not ise as soon as the man wishes it to.	Dice quindi che *la causa del fatto che il richiamare alla memoria non* sembra *essere negli uomini* che hanno reminiscenza, cioè essere in loro potere, nel senso che possano desistere quando ne abbiano voglia, *è che come accade a coloro che scagliano* che dopo aver posto in moto il corpo scagliato *non è più possibile* fermarlo, *così anche chi richiama alla memoria e* chiunque *ricerca* mediante un organo corporeo, *muove* l'organo *corporeo, nel quale è [assoggettata] la passione:* quindi il moto non cessa subito, quando l'uomo lo vuole.

Was das Erste (die Ursache) angeht, muss man bedenken, dass d Tätigkeiten (des Menschen), die unabhängig von einem Körperorga sind, seinem freien Willen so unterliegen, dass er von ihnen lasse kann, wann er will. Aber so ist es nicht für die Tätigkeiten, die durc ein Körperorgan ausgeführt werden. Dies ist, weil es nicht in der N tur des Menschen liegt (zu bewirken), dass eine Prägung, die eigens e nem Körperorgan angehört, plötzlich aufhöre. Deshalb sagt er (Ari toteles), dass die Ursache dessen, was Sicherinnern ist, nicht so in de Sicherinnernden selbst ist – das heißt, in ihrer Macht ist –, dass sie d mit aufhören können, wann sie wollen. So wie es denen geschieht, d (einen Gegenstand von sich) werfen, dass sie, nachdem sie den gewo fenen Gegenstand in Bewegung gesetzt haben, es nicht in ihrer Mac haben, ihn zum Stillstand zu bringen, so (geschieht es) auch den Siche innernden und jedem, der durch ein Körperorgan auf der Suche ist: Di ser setzt in Bewegung das Körperorgan, in dem eine Einprägung i daher hört die Bewegung nicht gleich auf, wann der Mensch das wil

403. – Dann sagt er: «Am meisten sind diejenigen beunruhigt ... (S. 180)».

Er legt dar, in welchen Menschen die erwähnte Ursache wirksam ist. Er sagt, dass im Sicherinnern diejenigen am meisten beunruhigt, das heißt erregt werden, in denen ein Übermaß an Feuchtigkeit um den Ort ist, wo die Sinnesorgane sich befinden – nämlich um das Gehirn und um das Herz. Das ist, weil das in Bewegung gesetzte Wasserelement sich nicht leicht legt, bis das Gesuchte erreicht ist und die Suchbewegung geradewegs bis zum Ziel fortströmt.

Dem widerspricht nicht das, was er früher gesagt hat: dass dies am meisten in den Melancholikern stattfindet, die von Natur trocken sind, denn in jenen geschieht es durch die heftige (Körper-)Einprägung, in diesen hingegen durch die Leichtigkeit der (Seelen-)Erregung.

404. – *Er weist durch ein Beispiel nach, was er gesagt hat.* Er bringt zwei Beispiele. Das erste Beispiel ist das der Seelenleidenschaften, durch die ein Körperorgan in irgendeiner Weise in Mitleidenschaft gezogen wird. Und er sagt: Wenn sich der Zorn oder die Furcht oder die Begierde oder etwas dergleichen gegen einen Gegenstand bewegt, legt sich die Leidenschaft nicht, selbst wenn sich die Menschen zum Entgegengesetzten bewegen und von Zorn und Furcht ablassen wollen, sondern sie bewegt sich weiterhin gegen denselben (Gegenstand). Dies geschieht, weil die Erregung des Körperorgans sich nicht schlagartig legt.

405. – Das *zweite Beispiel* bringt er da, wo er sagt: «Eine solche Erregung gleicht der ... (S. 180)».

Er sagt, dass die erwähnte Leidenschaft, die im Sicherinnern tätig ist, mit Namen, Melodien und Überlegungen zu vergleichen ist – wenn eines von ihnen mit irgendeiner Absicht durch den Mund geäußert wird –, wie das bei denen ist, die mit starker Konzentration rezitieren, Namen deklamieren, singen oder etwas begründen (Beweise anführen). Denn es geschieht, wenn diese (Menschen) aufhören wollen, dass sie gegen ihren Willen fortsingen oder anderes (weiter) sagen dadurch, dass die Bewegung der anfänglichen Bildeinprägung im körperlichen Organ weiter drinnenbleibt.

406. – Dann sagt er: «Menschen, deren obere Körperteile ... (S. 181)».

Er zeigt sein Vorhaben durch die Tatsache, dass das Sicherinnern *behindert wird durch irgendwelche körperliche Disposition.* Er erwähnt zwei organische Veranlagungen, die das Sicherinnern hindern. Die erste, indem er sagt, dass die (Menschen), welche die oberen Körperglieder größer als die unteren haben – was die Konstitution der Zwerge ist, die kurze Schienbeine und den oberen Körperteil entsprechend größer haben –, haben eine schlechtere Erinnerung als diejenigen, die die gegenteilige Disposition haben. Die Ursache ist, dass in ihnen das (Wahrnehmungs- und) Empfindungsorgan, das sich im oberen Teil befindet, beschwert ist durch die große Menge von Materie, weshalb auch die Empfindungsvorgänge in ihnen nicht lange dauern können, sondern bald aufgelöst werden wegen der Konfusion der Säfte, die zu einer mangelhaften Erinnerung dazugehört. Denn sie haben es nicht leicht, im Sicherinnern ungehindert fortzuschreiten, weil sie die Bewegung der Materie nicht steuern können, was zu einem Mangel an Erinnerung beiträgt.

407. – *Die zweite hindernde Disposition* ist, dass die (Menschen), die ganz jung sind – wie die gerade geborenen Kinder –, und die ganz alten, der Erinnerung ermangeln. Das ist wegen des Wachstumsprozesses in den Kindern und wegen des Abnehmens in den Alten, wie früher gesagt worden ist. Eine solche Disposition entspricht teilweise der ersten (Disposition), nämlich in Bezug auf die Kinder, die eine lange Lebenszeit zwerghaft sind, wie wenn sie das obere Körperteil größer (als das untere) hätten.

408. – Daraus wird ersichtlich, dass das Sicherinnern ein körperliches Erleiden ist. Es ist nicht eine Tätigkeit des denkenden, sondern des empfindenden Teils (in uns). Es ist im Menschen edler und tugendhafter als in den anderen Tieren wegen der Verbindung mit dem Denken. Denn immer wird das, was einer niederen Ordnung gehört, durch die Verbindung mit dem ihm Höherstehenden vollkommener gemacht, wie wenn es einigen Anteil an dessen Vollkommenheit hätte.

409. – Zuletzt schließt er (Aristoteles) das zusammenfassend, was über das Gedächtnishaben und das Gedächtniswirken gesagt worden ist: welche ihre Natur (Wesen) ist, durch welches Seelenorgan die Tiere (Lebewesen) sich gedächtnisbegabt verhalten; und ähnlich in Bezug auf das Sicherinnern: was es ist, wie und durch welche Ursache es zustande kommt.

consulting the excellent commentary of St. Thomas Aquinas on the Par- Naturalia of Aristotle, I was struck at once with its close resemblance to ne's essay on association. The main thoughts were the same in both, the *er* of the thoughts was the same, and even the illustrations differed only Hume's occasional substitution of more modern examples.» (*Biographia raria,* by S. T. Coleridge, Vol. I., London 1817, S. 104-105).

im Nachschlagen im vorzüglichen Thomas-Kommentar von Aristote- Kleinen naturwissenschaftlichen Schriften, *ist mir gleich seine enge wandtschaft mit Hume's Abhandlung über Assoziation aufgefallen. Die uptgedanken waren bei beiden die gleichen, deren Reihenfolge war diee. Gar die Darstellung weichte bei Hume nur durch die gelegentliche Erung mit modernen Beispielen ab.*)

Rudolf Steiner

Das Ich zwischen Bewusstsein und Geist

1. Die Erinnerung und das Ich

«Das vierte Glied seiner Wesenheit, welches die übersinnliche Erkenntnis dem Menschen zuschreiben muss, hat er nun nicht mehr gemein mit der ihn umgebenden Welt des Offenbaren. Es ist sein Unterscheidendes gegenüber seinen Mitwesen, dasjenige, wodurch er die Krone der zunächst zu ihm gehörigen Schöpfung ist. Die übersinnliche Erkenntnis bildet eine Vorstellung von diesem weiteren Glied der menschlichen Wesenheit, indem sie darauf hinweist, dass auch innerhalb der wachen Erlebnisse noch ein wesentlicher Unterschied besteht. Dieser Unterschied tritt sofort hervor, wenn der Mensch seine Aufmerksamkeit darauf lenkt, dass er im wachen Zustand einerseits fortwährend in der Mitte von Erlebnissen steht, die kommen und gehen *müssen,* und dass er andererseits auch Erlebnisse hat, bei denen dies nicht der Fall ist. Es tritt das besonders scharf hervor, wenn man die Erlebnisse des Menschen mit denen des Tieres vergleicht. Das Tier erlebt mit großer Regelmäßigkeit die Einflüsse der äußeren Welt und wird sich unter dem Einfluss der Wärme und Kälte, des Schmerzes und der Lust, unter gewissen regelmäßig ablaufenden Vorgängen seines Leibes des Hungers und Durstes bewusst. Des Menschen Leben ist mit solchen Erlebnissen nicht erschöpft. Er kann Begierden, Wünsche entwickeln, die über das alles hinausgehen. Beim Tier würde man immer nachweisen können, wenn man weit genug zu gehen vermöchte, wo außer dem Leib oder in dem

Leib die Veranlassung zu einer Handlung, zu einer Empfindung ist. Beim Menschen ist das keineswegs der Fall. Er kann Wünsche und Begierden erzeugen, zu deren Entstehung die Veranlassung weder innerhalb noch außerhalb seines Leibes hinreichend ist. Allem, was in dieses Gebiet fällt, muss man eine besondere Quelle geben. Und diese Quelle kann man im Sinne der übersinnlichen Wissenschaft im ‹Ich› des Menschen sehen. Das ‹Ich› kann daher als das vierte Glied der menschlichen Wesenheit angesprochen werden. – Wäre der Astralleib sich selbst überlassen, es würden sich Lust und Schmerz, Hunger- und Durstgefühle in ihm abspielen. Was aber dann nicht zustande käme, ist die Empfindung: Es sei ein *Bleibendes* in alldem. Nicht das Bleibende als solches wird hier als ‹Ich› bezeichnet, sondern dasjenige, welches dieses Bleibende erlebt. Man muss auf diesem Gebiet die Begriffe ganz scharf fassen, wenn nicht Missverständnisse entstehen sollen. Mit dem Gewahrwerden eines Dauernden, Bleibenden im Wechsel der inneren Erlebnisse beginnt das Aufdämmern des ‹Ichgefühles›. Nicht dass ein Wesen zum Beispiel Hunger empfindet, kann ihm ein Ichgefühl geben. Der Hunger stellt sich ein, wenn die erneuerten Veranlassungen zu ihm sich bei dem betreffenden Wesen geltend machen. Es fällt dann über seine Nahrung her, weil eben diese erneuerten Veranlassungen da sind. Das Ichgefühl tritt erst ein, wenn nicht nur diese erneuerten Veranlassungen zu der Nahrung hintreiben, sondern wenn bei einer vorhergehenden Sättigung eine Lust entstanden ist und das Bewusstsein dieser Lust geblieben ist, sodass nicht nur das *gegenwärtige* Erlebnis des Hungers, sondern das *vergangene* der Lust zu dem Nahrungsmittel treibt. – Wie der physische Leib zerfällt, wenn ihn nicht der Ätherleib zusammenhält, wie der Ätherleib in die Bewusstlosigkeit versinkt, wenn ihn nicht der Astralleib durchleuchtet, so müsste der Astralleib das Vergangene immer wieder in die *Vergessenheit* sinken lassen, wenn dieses nicht vom ‹Ich› in die Gegenwart herübergerettet würde. Was für den physischen Leib der Tod, für den Ätherleib der Schlaf, das ist für den Astralleib das *Vergessen.* Man kann auch sagen: Dem Ätherleib sei das *Leben* eigen, dem Astralleib das *Bewusstsein* und dem Ich die *Erinnerung.*

Noch leichter als in den Irrtum, der Pflanze Bewusstsein zuzuschreiben, kann man in denjenigen verfallen, bei dem Tier von Erinnerung zu sprechen. Es liegt so nahe, an Erinnerung zu denken, wenn der Hund seinen Herrn wiedererkennt, den er vielleicht ziemlich lange nicht gesehen hat. Doch in Wahrheit beruht solches Wiedererkennen gar nicht auf Erinnerung, sondern auf etwas völlig anderem. Der Hund empfindet eine gewisse Anziehung zu seinem Herrn. Diese geht aus von der Wesenheit des letzteren. Diese Wesenheit bereitet dem Hund Lust, wenn der Herr für ihn gegenwärtig ist. Und jedes Mal, wenn diese Gegenwart des Herrn eintritt, ist sie die Veranlassung zu einer Erneuerung der Lust. Erinnerung ist aber nur dann vorhanden, wenn ein Wesen nicht bloß mit seinen Erlebnissen in der Gegenwart empfindet, sondern wenn es diejenigen der Vergangenheit bewahrt. Man könnte sogar dieses zugeben und dennoch in den Irrtum verfallen, der Hund habe Erinnerung. Man könnte nämlich sagen: Er trauert, wenn sein Herr ihn verlässt, also bleibt ihm die Erinnerung an denselben. Auch das ist ein unrichtiges Urteil. Durch das Zusammenleben mit dem Herrn wird für den Hund dessen Gegenwart Bedürfnis, und er empfindet dadurch die Abwesenheit in ähnlicher Art, wie er den Hunger empfindet. Wer solche Unterscheidungen nicht macht, wird nicht zur Klarheit über die wahren Verhältnisse des Lebens kommen.

Aus gewissen Vorurteilen heraus wird man gegen diese Darstellung einwenden, dass man doch nicht wissen könne, ob beim Tier etwas der menschlichen Erinnerung Ähnliches vorhanden sei oder nicht. Solcher Einwand beruht aber auf einer ungeschulten Beobachtung. Wer wirklich sinngemäß beobachten kann, wie sich das Tier im Zusammenhang seiner Erlebnisse verhält, der bemerkt den Unterschied dieses Verhaltens von dem des Menschen. Und er wird sich klar, dass das Tier sich so verhält, wie es dem Nichtvorhandensein der Erinnerung entspricht. Für die übersinnliche Beobachtung ist das ohne Weiteres klar. Doch, was dieser übersinnlichen Beobachtung unmittelbar zum Bewusstsein kommt, das kann *an seinen Wirkungen* auf diesem Gebiet auch von der sinnlichen Wahrnehmung und deren denkender Durchdringung erkannt werden. Wenn man sagt, der Mensch wisse von *seiner* Erinnerung durch innere Seelenbeobachtung, die er doch beim Tier nicht anstellen könne, so liegt einer solchen Behauptung ein verhängnisvoller Irrtum zugrunde. Was sich der Mensch über seine Erinnerungsfähigkeit zu sagen hat, das kann er nämlich gar nicht einer inneren Seelenbeobachtung entnehmen, sondern allein dem, was er mit sich in dem Verhalten zu den Dingen und Vorgängen der Außenwelt erlebt. Diese Erlebnisse macht er *mit sich* und mit einem anderen Menschen und auch mit den Tieren auf die ganz gleiche Weise. Es ist nur ein Schein, der den Menschen blendet, wenn er glaubt, er *beurteile* das Vorhandensein der Erinnerung nur an der inneren Beobachtung. Was der Erinnerung als Kraft zugrunde liegt, mag innerlich genannt werden; das *Urteil* über diese Kraft wird auch für die eigene Person durch den Blick auf den Zusammenhang des Lebens an der Außenwelt erworben. Und diesen Zusammenhang kann man wie bei sich auch bei dem Tier beurteilen. In Bezug auf solche Dinge leidet unsere gebräuchliche Psychologie an ihren ganz ungeschulten, ungenauen, im hohen Maße durch Beobachtungsfehler täuschenden Vorstellungen.

Für das ‹Ich› bedeuten Erinnerung und Vergessen etwas durchaus Ähnliches, wie für den Astralleib Wachen und Schlaf. Wie der Schlaf die Sorgen und Bekümmernisse des

Tages in ein Nichts verschwinden lässt, so breitet Vergessen einen Schleier über die schlimmen Erfahrungen des Lebens und löscht dadurch einen Teil der Vergangenheit aus. Und wie der Schlaf notwendig ist, damit die erschöpften Lebenskräfte neu gestärkt werden, so muss der Mensch gewisse Teile seiner Vergangenheit aus der Erinnerung vertilgen, wenn er neuen Erlebnissen frei und unbefangen gegenüberstehen soll. Aber gerade aus dem Vergessen erwächst ihm Stärkung für die Wahrnehmung des Neuen. Man denke an Tatsachen wie das Lernen des Schreibens. Alle Einzelheiten, welche das Kind zu durchleben hat, um schreiben zu lernen, werden vergessen. Was bleibt, ist die Fähigkeit des Schreibens. Wie würde der Mensch schreiben, wenn beim jedesmaligen Ansetzen der Feder all die Erlebnisse in der Seele als Erinnerung aufstiegen, welche beim Schreibenlernen durchgemacht werden mussten.

Nun tritt die Erinnerung in verschiedenen Stufen auf. Schon das ist die einfachste Form der Erinnerung, wenn der Mensch einen Gegenstand wahrnimmt und er dann nach dem Abwenden von dem Gegenstand die *Vorstellung* von ihm wieder erwecken kann. Diese Vorstellung hat der Mensch sich gebildet, während er den Gegenstand wahrgenommen hat. Es hat sich da ein Vorgang abgespielt zwischen seinem astralischen Leib und seinem Ich. Der Astralleib hat den äußeren Eindruck von dem Gegenstand bewusst gemacht. Doch würde das Wissen von dem Gegenstand nur so lange dauern, als dieser *gegenwärtig* ist, wenn das Ich nicht das Wissen in sich aufnehmen und zu seinem Besitztum machen würde. – Hier an diesem Punkt scheidet die übersinnliche Anschauung das Leibliche von dem Seelischen. Man spricht vom *Astralleib,* solange man die Entstehung des Wissens von einem gegenwärtigen Gegenstand im Auge hat. Dasjenige aber, was dem Wissen Dauer gibt, bezeichnet man als *Seele.* Man sieht aber zugleich aus dem Gesagten, wie eng verbunden im Menschen der Astralleib mit dem Teil der Seele ist, welcher dem Wissen Dauer verleiht. Beide sind gewissermaßen zu einem Glied der menschlichen Wesenheit vereinigt. Deshalb kann man auch diese Vereinigung als Astralleib bezeichnen. Auch kann man, wenn man eine genaue Bezeichnung will, von dem Astralleib des Menschen als dem *Seelenleib* sprechen, und von der Seele, insofern sie mit diesem vereinigt ist, als der *Empfindungsseele.*

Das Ich steigt zu einer höheren Stufe seiner Wesenheit, wenn es seine Tätigkeit auf das richtet, was es aus dem Wissen der Gegenstände zu seinem Besitztum gemacht hat. Dies ist die Tätigkeit, durch welche sich das Ich von den Gegenständen der Wahrnehmung immer mehr loslöst, um in seinem eigenen Besitz zu arbeiten. Den Teil der Seele, dem dieses zukommt, kann man als *Verstandes-* oder *Gemütsseele* bezeichnen. – Sowohl der Empfindungsseele wie der Verstandesseele ist es eigen, dass sie mit dem arbeiten, was sie durch die Eindrücke der von den Sinnen wahrgenommenen Gegenstände erhalten und davon in der Erinnerung bewahren. Die Seele ist da ganz hingegeben an das, was für sie ein Äußeres ist. Auch dies hat sie ja von außen empfangen, was sie durch die Erinnerung zu ihrem eigenen Besitz macht. Sie kann aber über all das hinausgehen. Sie ist nicht allein Empfindungs- und Verstandesseele. Die übersinnliche Anschauung vermag am leichtesten eine Vorstellung von diesem Hinausgehen zu bilden, wenn sie auf eine einfache Tatsache hinweist, die nur in ihrer umfassenden Bedeutung gewürdigt werden muss. Es ist diejenige, dass es im ganzen Umfang der Sprache einen einzigen Namen gibt, der seiner Wesenheit nach sich von allen anderen Namen unterscheidet. Dies ist eben der Name ‹Ich›. Jeden anderen Namen kann dem Ding oder Wesen, denen er zukommt, *jeder* Mensch geben. Das ‹Ich› als Bezeichnung für ein Wesen hat nur dann einen Sinn, wenn dieses Wesen sich diese Bezeichnung selbst beilegt. Niemals kann von außen an eines Menschen Ohr der Name ‹Ich› als seine Bezeichnung dringen. Nur das Wesen selbst kann ihn auf sich anwenden. ‹Ich bin ein Ich nur für mich; für jeden anderen bin ich ein Du; und jeder andere ist für mich ein Du.› Diese Tatsache ist der äußere Ausdruck einer tief bedeutsamen Wahrheit. Das eigentliche Wesen des ‹Ich› ist von allem Äußeren unabhängig; *deshalb* kann ihm sein Name auch von keinem Äußeren zugerufen werden. Jene religiösen Bekenntnisse, welche mit Bewusstsein ihren Zusammenhang mit der übersinnlichen Anschauung aufrechterhalten haben, nennen daher die Bezeichnung ‹Ich› den ‹unaussprechlichen Namen Gottes›. Denn gerade auf das Angedeutete wird gewiesen, wenn dieser Ausdruck gebraucht wird. Kein Äußeres hat Zugang zu jenem Teil der menschlichen Seele, der hiermit ins Auge gefasst ist. Hier ist das ‹verborgene Heiligtum› der Seele. Nur ein Wesen kann da Einlass gewinnen, mit dem die Seele gleicher Art ist. ‹Der Gott, der im Menschen wohnt, spricht, wenn die Seele sich als Ich erkennt.› Wie die Empfindungsseele und die Verstandesseele in der äußeren Welt leben, so taucht ein drittes Glied der Seele in das Göttliche ein, wenn diese zur Wahrnehmung ihrer eigenen Wesenheit gelangt.

Leicht kann demgegenüber das Missverständnis entstehen, als ob solche Anschauungen das Ich mit Gott für *Eins* erklärten. Aber sie sagen durchaus nicht, dass das Ich Gott sei, sondern nur, dass es mit dem Göttlichen von einerlei Art und Wesenheit ist. Behauptet denn jemand, der Tropfen Wasser, der dem Meer entnommen ist, sei das Meer, wenn er sagt: Der Tropfen sei derselben Wesenheit oder Substanz wie das Meer. Will man durchaus einen Vergleich gebrauchen, so kann man sagen: Wie der Tropfen sich zu dem Meer verhält, so verhält sich das ‹Ich› zum Göttlichen. Der Mensch kann in sich ein Göttliches finden, weil sein ureigenstes Wesen dem Göttlichen entnommen ist. So also erlangt der Mensch durch dieses ein drittes Seelenglied, ein inneres Wissen von sich selbst, wie er durch den Astralleib ein Wissen von der Außenwelt erhält. Deshalb kann die Geheimwissenschaft dieses dritte Seelenglied auch die *Bewusstseinsseele* nennen. Und in ihrem Sinne besteht das Seelische aus drei Gliedern: der Empfindungsseele, Verstandesseele und Bewusstseinsseele, wie das Leibliche aus drei Gliedern besteht, dem physischen Leib, dem Ätherleib und dem Astralleib.

Psychologische Beobachtungsfehler, ähnlich denjenigen, die schon für die Beurteilung der Erinnerungsfähigkeit besprochen worden sind, machen auch die rechte Einsicht in die Wesenheit des ‹Ich› schwierig. Man kann manches, was man glaubt einzusehen, für eine Widerlegung des oben in dieser Beziehung Ausgeführten halten, während es in Wahrheit eine Bestätigung darstellt. Solches ist der Fall, zum Beispiel, mit den Bemerkungen, die Eduard von Hartmann auf S. 55 f. seines *Grundrisses der Psychologie* über das ‹Ich› angibt: ‹Zunächst ist das Selbstbewusstsein älter als das Wort Ich. Die persönlichen Fürwörter sind ein ziemlich spätes Produkt der Sprachentwicklung und haben für die Sprache nur den Wert von Abkürzungen. Das Wort Ich ist ein kurzer Ersatz für den Eigennamen des Redenden, aber ein Ersatz, den jeder Redende als solcher von sich braucht, gleichviel mit welchem Eigennamen die anderen ihn benennen. Das Selbstbewusstsein kann sich bei Tieren und bei ununterrichteten taubstummen Menschen sehr hoch entwickeln, selbst ohne an einen Eigennamen anzuknüpfen. Das Bewusstsein des Eigennamens kann vollständig den fehlenden Gebrauch des Ich ersetzen. Mit dieser Einsicht ist der magische Nimbus beseitigt, mit dem für viele das Wörtchen Ich umkleidet ist; es kann dem Begriff des Selbstbewusstseins nicht das Mindeste hinzusetzen, sondern empfängt seinen ganzen Inhalt lediglich von diesem.› Man kann mit solchen Ansichten ganz einverstanden sein, auch damit, dass dem Wörtchen Ich kein magischer Nimbus verliehen werde, der die besonnene Anschauung über die Sache nur trübt. Aber für das Wesen einer *Sache* entscheidet nicht, wie allmählich die *Wortbezeichnung* für diese Sache herbeigeführt wird. Eben darauf kommt es an, dass die wirkliche Wesenheit des Ich im Selbstbewusstsein ‹älter ist als das Wort Ich›, und dass der Mensch genötigt ist, *dieses* mit seinen nur ihm zukommenden Eigenheiten behaftete Wörtchen für das zu gebrauchen, was er im Wechselverhältnis zur Außenwelt anders erlebt, als es das Tier erleben kann. So wenig irgend etwas über die Wesenheit des Dreiecks erkannt werden kann dadurch, dass man zeigt, wie das ‹Wort› Dreieck sich gebildet hat, so wenig entscheidet über die Wesenheit des Ich, was man wissen kann darüber, wie aus anderem Wortgebrauch der des Ich in der *Sprachentwicklung* sich gestaltet hat.

In der Bewusstseinsseele enthüllt sich erst die wirkliche Natur des ‹Ich›. Denn während sich die Seele in Empfindung und Verstand an anderes verliert, ergreift sie als Bewusstseinsseele ihre eigene Wesenheit. Daher kann dieses ‹Ich› durch die Bewusstseinsseele auch nicht anders als durch eine gewisse innere Tätigkeit wahrgenommen werden. Die Vorstellungen von äußeren Gegenständen werden gebildet, so wie diese Gegenstände kommen und gehen, und diese Vorstellungen arbeiten im Verstand weiter durch ihre eigene Kraft. Soll aber das ‹Ich› sich selbst wahrnehmen, so kann es nicht bloß sich *hingeben.* Es muss durch innere Tätigkeit seine Wesenheit aus den eigenen Tiefen erst heraufholen, um ein Bewusstsein davon zu haben. Mit der Wahrnehmung des ‹Ich› – mit der *Selbstbesinnung* – beginnt eine innere Tätigkeit des ‹Ich›. Durch diese Tätigkeit hat die Wahrnehmung des Ich in der Bewusstseinsseele für den Menschen eine ganz andere Bedeutung als die Beobachtung alles dessen, was durch die drei Leibesglieder und durch die beiden anderen Glieder der Seele an ihn herandringt. Die Kraft, welche in der Bewusstseinsseele das Ich offenbar macht, ist ja dieselbe wie diejenige, welche sich in aller übrigen Welt kundgibt. Nur tritt sie in dem Leib und in den niederen Seelengliedern nicht unmittelbar hervor, sondern offenbart sich stufenweise in ihren Wirkungen. Die unterste Offenbarung ist diejenige durch den physischen Leib, dann geht es stufenweise hinauf bis zu dem, was die Verstandesseele erfüllt. Man könnte sagen, mit dem Hinansteigen über jede Stufe fällt einer der Schleier, mit denen das Verborgene umhüllt ist. In dem, was die Bewusstseinsseele erfüllt, tritt dieses Verborgene hüllenlos in den innersten Seelentempel. Doch zeigt es sich da eben nur wie ein Tropfen aus dem Meer der alles durchdringenden Geistigkeit. Aber der Mensch muss diese Geistigkeit hier zunächst ergreifen. Er muss sie in sich selbst erkennen, dann kann er sie auch in ihren Offenbarungen finden.

Was da wie ein Tropfen hereindringt in die Bewusstseinsseele, das nennt die Geheimwissenschaft den *Geist.* So ist die Bewusstseinsseele mit dem Geist verbunden, der das *Verborgene* in allem Offenbaren ist. Wenn der Mensch nun den Geist in aller Offenbarung ergreifen will, so muss er dies auf dieselbe Art tun, wie er das Ich in der Bewusstseinsseele ergreift. Er muss die Tätigkeit, welche ihn zum Wahrnehmen dieses Ich geführt hat, auf die offenbare Welt hinwenden. Dadurch aber entwickelt er sich zu höheren Stufen seiner Wesenheit. Er setzt den Leibes- und Seelengliedern Neues an. Das nächste ist, dass er dasjenige auch noch selbst erobert, was in den niederen Gliedern seiner Seele verborgen liegt. Und dies geschieht durch seine vom Ich ausgehende Arbeit an seiner Seele. Wie der Mensch in dieser Arbeit begriffen ist, das wird anschaulich, wenn man einen Menschen, der noch ganz niederem Begehren und sogenannter sinnlicher Lust hingegeben ist, vergleicht mit einem edlen Idealisten. Der letztere wird aus dem ersteren, wenn jener sich von gewissen niederen Neigungen abzieht und höheren zuwendet. Er hat dadurch *vom Ich aus* veredelnd, vergeistigend auf seine Seele gewirkt. Das Ich ist Herr geworden innerhalb des Seelenlebens. Das kann so weit gehen, dass in der Seele keine Begierde, keine Lust Platz greift, ohne dass das Ich die Gewalt ist, welche den Einlass ermöglicht. Auf diese Art wird dann die ganze Seele eine Offenbarung des Ich, wie es vorher nur die Bewusstseinsseele war. Im Grunde besteht alles Kulturleben und alles geistige Streben der Menschen aus einer Arbeit, welche diese Herrschaft des Ich zum Ziel hat. *Jeder* gegenwärtig lebende Mensch ist in dieser Arbeit begriffen: Er mag wollen oder nicht, er mag von dieser Tatsache ein Bewusstsein haben oder nicht.» (Rudolf Steiner, *Die Geheimwissenschaft im Umriss,* 1925, S. 28-38).

2. «Der Wahrnehmungsprozess in seiner Ganzheit»

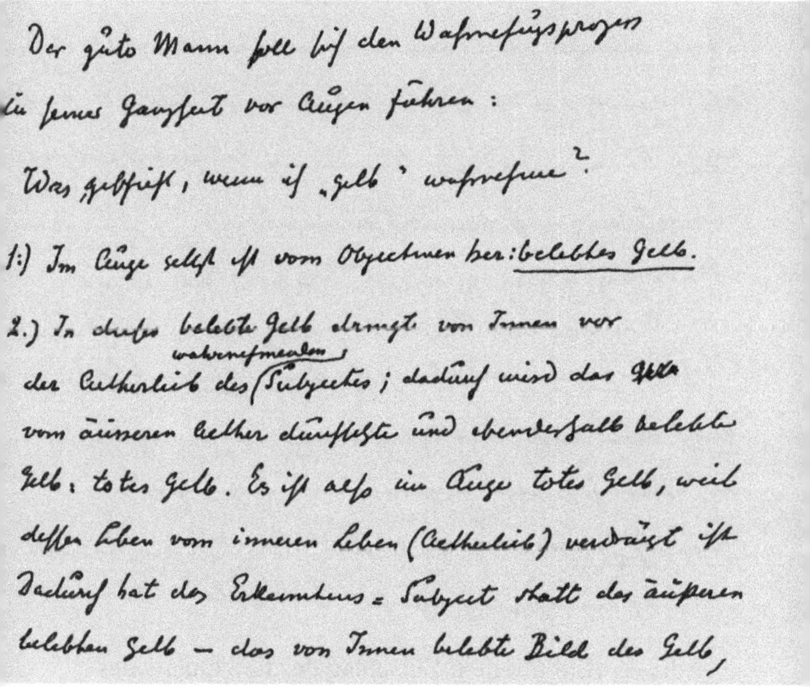

Der gute Mann soll sich den Wahrnehmungsprozess
in seiner Ganzheit vor Augen führen:
Was geschieht, wenn ich „gelb" wahrnehme?
1:) Im Auge selbst ist vom Objectiven her: belebtes Gelb.
2.) In dieses belebte Gelb dringt von Innen vor
der Aetherleib des wahrnehmenden Subjectes; dadurch wird das
vom äusseren Aether durchsetzte und ebendeshalb belebte
Gelb: totes Gelb. Es ist also im Auge totes Gelb, weil
dessen Leben vom inneren Leben (Aetherleib) verdrängt ist
Dadurch hat das Erkenntnis-Subject statt des äußeren
belebten Gelb – das von Innen belebte Bild des Gelb,

)er gute Mann soll sich den Wahrnehmungsprozess
n seiner Ganzheit vor Augen führen:
Vas geschieht, wenn ich «gelb» wahrnehme?
.) Im Auge selbst ist vom Objectiven her: *belebtes Gelb.*
.) In dieses belebte Gelb dringt von Innen vor
der Aetherleib des wahrnehmenden Subjectes; dadurch wird das
vom äusseren Aether durchsetzte und ebendeshalb belebte
Gelb: totes Gelb. Es ist also im Auge totes Gelb, weil
dessen Leben vom inneren Leben (Aetherleib) verdrängt ist[.]
Dadurch hat das Erkenntnis-Subject statt des äußeren
belebten Gelb – das von Innen belebte Bild des Gelb,

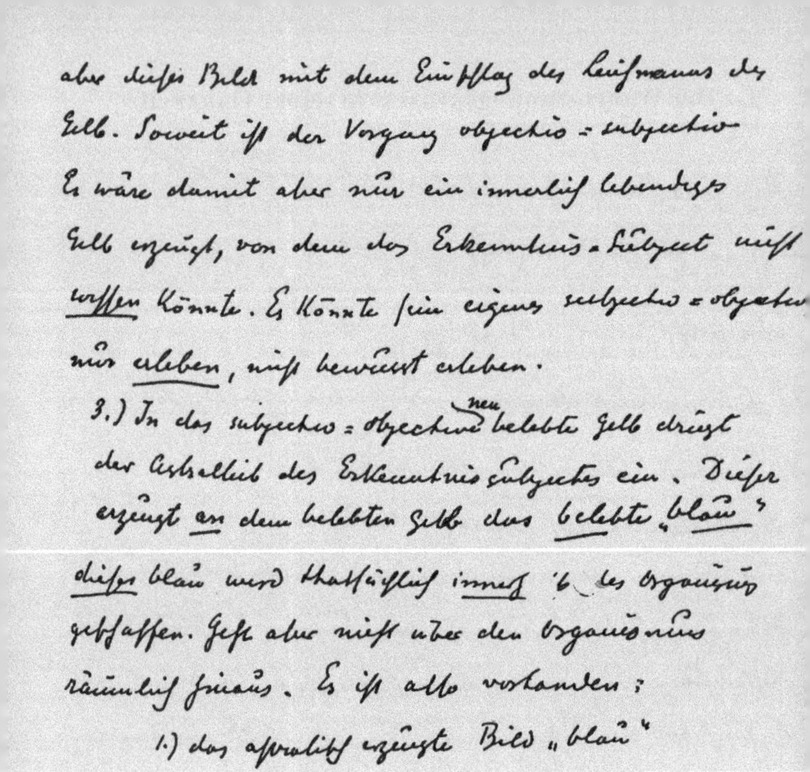

aber dieses Bild mit dem Einschlag des Leichnams des
Gelb. Soweit ist der Vorgang objectiv-subjectiv[.]
Es wäre damit aber nur ein innerlich lebendiges
Gelb erzeugt, von dem das Erkenntnis-Subject nicht
wissen könnte. Es könnte sein eigenes subjectiv-objectives
nur *erleben,* nicht bewusst erleben.

3.) In das subjectiv-objective neu belebte Gelb dringt
der Astralleib des Erkenntnissubjectes ein. Dieser
erzeugt *an* dem belebten Gelb das *belebte* «*blau*»
dieses blau wird thatsächlich *innerhalb* des Organismus
geschaffen. Geht aber nicht über den Organismus
räumlich hinaus. Es ist also vorhanden:

1.) das astralisch erzeugte Bild «blau»

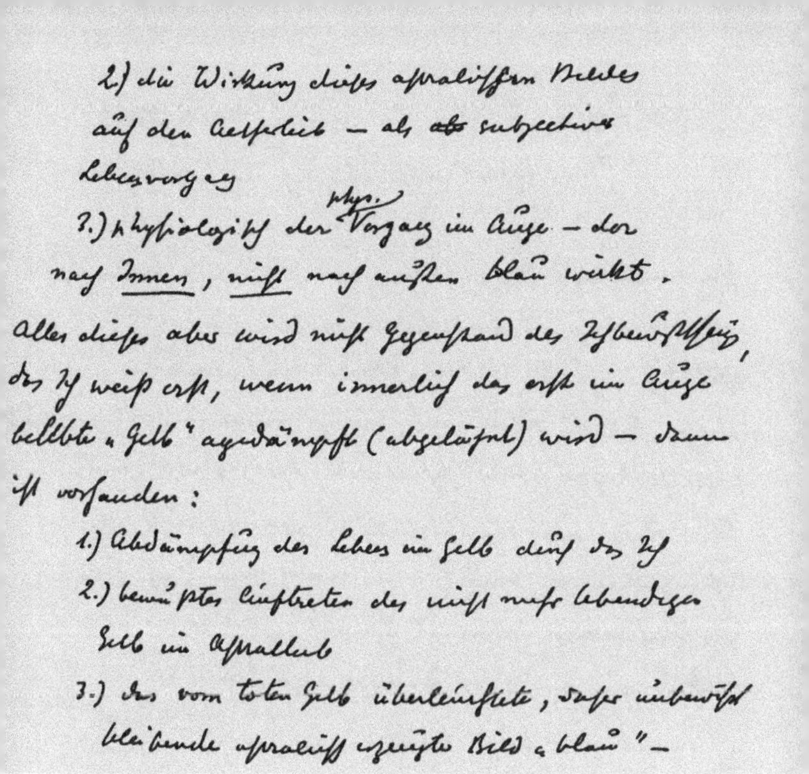

2.) die Wirkung dieses astralischen Bildes
auf den Aetherleib – als subjectiver
Lebensvorgang

3.) physiologisch der phys. Vorgang im Auge – der
nach *Innen, nicht* nach außen blau wirkt.

Alles dieses aber wird nicht Gegenstand des Ichbewußtseins,
das Ich weiß erst, wenn innerlich das erst im Auge
belebte «Gelb» abgedämpft (abgelähmt) wird – dann
ist vorhanden:

1.) Abdämpfung des Lebens im Gelb durch das Ich
2.) bewußtes Auftreten des nicht mehr lebendigen
Gelb im Astralleib
3.) das vom toten Gelb überleuchtete, daher unbewußt
bleibende astralisch erzeugte Bild «blau» –

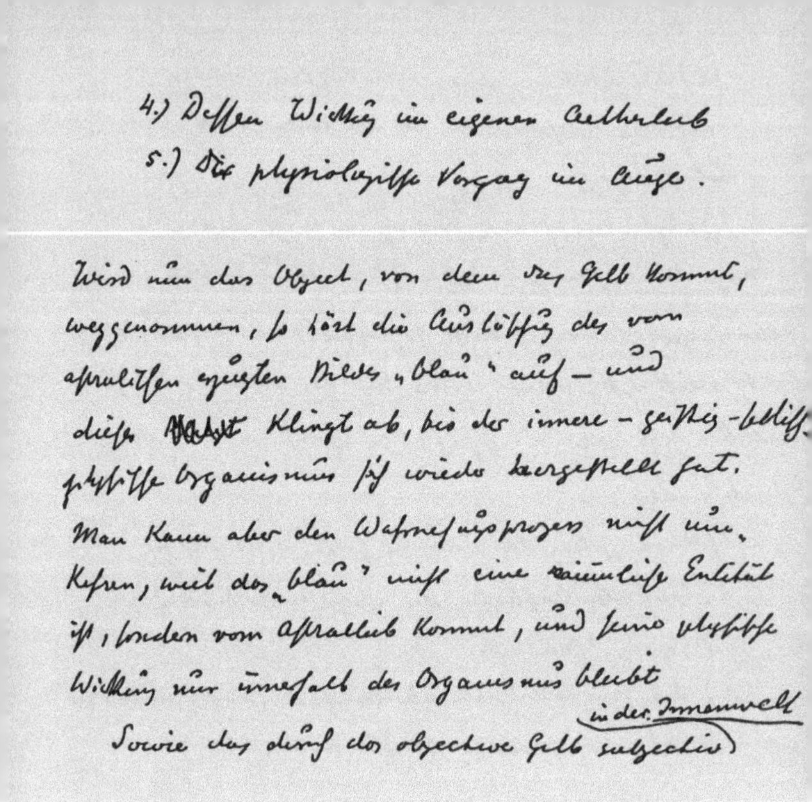
4.) Dessen Wirkung im eigenen Aetherleib
5.) Der physiologische Vorgang im Auge.
Wird nun das Object, von dem das Gelb kommt, weggenommen, so hört die Auslöschung des vom astralischen erzeugten Bildes „blau" auf – und dieses klingt ab, bis der innere – geistig-seelisch-physische Organismus sich wieder hergestellt hat.
Man kann aber den Wahrnehmungsprozess nicht umkehren, weil das „blau" nicht eine räumliche Entität ist, sondern vom Astralleib kommt, und seine physische Wirkung nur innerhalb des Organismus bleibt
Sowie das durch das objective Gelb subjectiv in der Innenwelt

4.) Dessen Wirkung im eigenen Aetherleib

5.) Der physiologische Vorgang im Auge.

Wird nun das Object, von dem das Gelb kommt, weggenommen, so hört die Auslöschung des vom astralischen erzeugten Bildes «blau» auf – und dieses klingt ab, bis der innere-geistig-seelisch-physische Organismus sich wieder hergestellt hat.

Man kann aber den Wahrnehmungsprozess nicht umkehren, weil das «blau» nicht eine räumliche Entität ist, sondern vom Astralleib kommt, und seine physische Wirkung nur innerhalb des Organismus bleibt[.]

Sowie das durch das objective Gelb subjectiv in der Innenwel

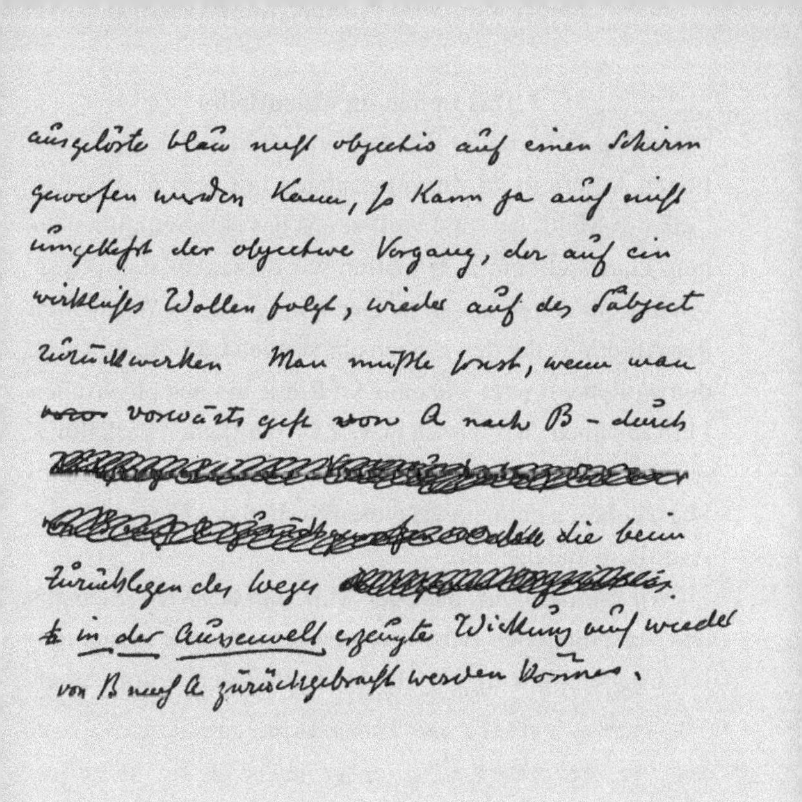

ausgelöste blau nicht objectiv auf einen Schirm
geworfen werden kann, so kann ja auch nicht
umgekehrt der objective Vorgang, der auf ein
wirkliches Wollen folgt, wieder auf das Subject
zurückwirken. Man müßte sonst, wenn man
vorwärts geht von A nach B – durch
die beim
Zurücklegen des Weges
in der Aussenwelt erzeugte Wirkung auch wieder
von B nach A zurückgebracht werden können.

3. Das Leben im «Lichtleib»

Meine lieben Freunde! Wir denken uns einmal den menschlichen Ätherleib im Zusammenhang mit dem physischen Leib des Menschen und wollen uns das skizzenhaft zeichnen. Ganz schematisch wollen wir dieses als den physischen Leib gelten lassen (s. Zeichnung unten). Wir wollen den Ätherleib, der den ganzen physischen Leib durchdringt, den wollen wir jetzt wie eine Art Rinde um den physischen Leib zeichnen. Wir wissen ja, wie die wirklichen Verhältnisse sind. Das sind also der physische Leib und der Ätherleib. Dazu gehören dann im gesamten System des Menschen der Astralleib und das Ich.

Wir erinnern uns, dass der Ätherleib des Menschen aus den verschiedenen Ätherarten besteht, die wir kennengelernt haben. Wir haben als Ätherarten den Wärmeäther,

der äussersten Partien des Aetherleibs durchdringt, den wollen wir aber jetzt so zeichnen wie eine Art Rinde des Aetherleibs. Sie wissen ja, wie die wirklichen Verhältnisse sind.

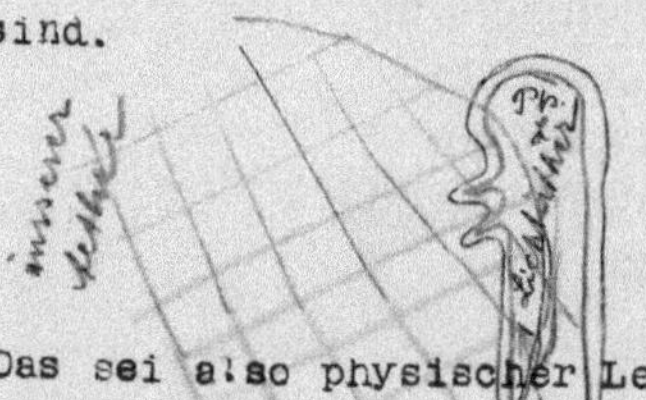

Das sei also physischer Leib und Aetherleib, und dazu gehören dann im gesamten System des Menschen selbstverständlich der Astralleib und das Ich. Nun wollen wir uns erinnern, dass ja der Aetherleib des Menschen selbstverständlich besteht aus den verschiedenen Aetherarten, die wir kennen gelernt haben. Und wir haben kennen gelernt als den Lichtäther, den chemischen Äther – der die Sphärenmusik vermittelt –, und den Lebensäther kennengelernt. Heute wollen wir den Lichtäther ins Auge fassen. Der ganze Ätherleib besteht aus einer innigen Verbindung, aus einer organischen Verbindung dieser vier Ätherarten, aber wir wollen heute das hervorheben, was am Ätherleib der Lichtäther ist. Wir können die Betrachtung auf ein Glied dieses Ätherleibes lenken, sodass wir den Teil des Ätherleibes, den wir als Lichtäther ansprechen, jetzt so schraffieren wollen.

Wir haben öfter betont, dass der Mensch dadurch ein Bewusstsein von den Dingen hat, dass er mit seinem Ich und mit seinem Astralleib in den Dingen drinnen ist. Wir haben oft ausgeführt: Im Tagwachen stecken das Ich und der Astralleib im physischen Leib und im Ätherleib drinnen nur in Bezug auf das, was von ihnen nicht in den Dingen ist. Dass wir Sinnesempfindungen haben, das rührt daher, dass Ich und Astralleib zuerst eine Offenbarung von den Dingen haben, die unbewusst bleibt, und dass sich dann diese Offenbarung an den Sinneswerkzeugen des physischen Leibes und ihren Nervenfortsetzungen spiegelt. Diese Dinge haben wir wiederholt erörtert.

Heute fragen wir uns: Wie wirkt das Gedächtnis? Wie geschieht das, dass wir an Verschiedenes eine Erinnerung haben – an Gegenstände und auch an Erlebnisse, die wir durchgemacht haben? Wie geschieht das, dass wir

Erinnerung haben? Diese Frage wollen wir einmal ins Auge fassen. Wir wollen sie heute ganz empirisch, ganz beobachtungsgemäß ins Auge fassen.

Nehmen wir den Fall, wir treffen heute einen Menschen wieder, den wir vor fünf Tagen zum ersten Mal gesehen haben. Wir erinnern uns, dass wir ihn vor fünf Tagen gesehen haben – dass er uns damals seinen Namen gesagt hat, dass wir mit ihm gesprochen haben. Wir sagen: Wir erkennen ihn wieder, diesen Menschen. Was geschieht da eigentlich in uns, wenn wir uns an einen Menschen und an die Begegnung mit ihm nach einiger Zeit erinnern? Was geschieht da eigentlich?

Von dem, was da geschieht, kommt zu allererst dieses in Betracht, dass, während wir vor fünf Tagen dem Menschen begegnet sind, unser Ätherleib gewisse Bewegungen ausgeführt hat. Wir fassen jetzt den Lichtteil des Ätherleibes ins Auge, die anderen Glieder, der Wärmeteil, der chemische Teil, der Lebensteil schwingen selbstverständlich mit, aber wir fassen heute nur den Lichtteil unseres Ätherleibes ins Auge und wollen ihn «Lichtleib» nennen.

Unser Ätherleib, der führt also während der Begegnung gewisse Bewegungen aus. Die Gedanken, die der Mensch erregt, mit dem wir zusammentreffen, die geben sich in unserem Lichtleib als innere Lichtbewegungen kund, sodass wir – abgesehen davon, dass wir mit unseren Sinnen den Menschen sehen –, von den Eindrücken her, die nicht durch die Sinne vermittelt werden, das haben, dass unser Lichtleib Bewegungen ausführt. Also, die ganze Begegnung mit dem Menschen hat darin bestanden, dass unser Lichtleib allerlei Bewegungen ausgeführt hat.

Stellen wir uns das recht lebendig vor: Während wir vor dem Menschen gestanden haben, während wir mit ihm gesprochen haben, ist unser ätherischer Lichtleib fortwährend in Bewegung gewesen. Was wir mit einem anderen Menschen sprechen, was wir von ihm empfinden, was wir über ihn denken, das alles offenbart sich in Bewegungen unseres Lichtleibes.

Wenn wir nach fünf Tagen ihn wieder sehen, diesen Menschen, so regt das neuerliche Sehen unsere Seele an, und diese Anregung, die bewirkt, dass der Ätherleib rein aus seinem Beharrungsvermögen heraus die Bewegungen, die er vor fünf Tagen ausgeführt hat, als wir vor dem Menschen gestanden haben, als wir mit ihm Gedanken ausgetauscht haben, dass er diese Bewegungen wieder ausführt. Also, wir treten nach fünf Tagen aufs Neue dem Menschen entgegen: Der ätherische Lichtleib, der wird dadurch angeregt, dieselben Bewegungen auszuführen, die er vor fünf Tagen ausgeführt hat.

Und da wir immer mit einem Stück unseres Ich und unseres Astralleibes im äußeren Äther drinnen sind und der Ätherleib durch sein Beharrungsvermögen die Bewegungen wieder ausführt, die er damals ausgeführt hat, so fühlen wir das, was der Lichtleib damals an Bewegungen ausgeführt hat.

Sodass wir uns vorstellen müssen: Mit unserem Ich und unserem Astralleib, mit beiden zusammen, sind wir beim Wachbewusstsein im äußeren Äther, im äußeren Lichtäther drinnen. Das Schlafen geschieht nur dadurch, dass auch das Stück vom Astralleib und vom Ich, das beim Tagwachen im physischen und im Ätherleib drinnen ist, sich in den äußeren Äther zurückzieht. Und das ist das Erinnern: Vom äußeren Äther aus innere Ätherbewegungen wahrnehmen, vom äußeren Lichtäther aus die Bewegungen des inneren Lichtleibes wahrnehmen. Das bedeutet sich erinnern.

Zwei Menschen treten einander gegenüber. Der eine sieht das Gesicht des anderen. Dadurch, dass er das Gesicht des anderen anschaut, macht sein Ätherleib bestimmte Bewegungen. Jetzt geht er weg. Sein Ätherleib behält die Tendenz, wenn er wieder dazu angeregt wird, dieselben Bewegungen zu machen. Nach fünf Tagen treten sich die beiden Menschen wieder gegenüber. Der eine, dessen Lichtleib bestimmte Bewegungen gemacht hat, nimmt den anderen wieder wahr. Dadurch wird sein Lichtleib wieder angeregt, dieselben Bewegungen zu machen, die er gemacht hat, als er das Gesicht zuerst wahrgenommen hat.

Das kommt im Bewusstsein zum Ausdruck, indem das Bewusstsein sagt: Ich habe dieses Gesicht schon gesehen! Das heißt, das Bewusstsein nimmt vom äußeren Lichtäther aus die Bewegungen des Lichtleibes im Menschen drinnen wahr. Das ist das Erinnern, das ist das Gedächtnis: ein reiner Beobachtungsvorgang. Im äußeren Licht sehen wir die vom inneren Lichtleib durchgemachten Bewegungen. Wir sehen sie aber nicht als Lichtbewegungen!

Warum sehen wir sie im gewöhnlichen Leben nicht als Lichtbewegungen? Wir sehen sie nicht als Lichtbewegungen, meine lieben Freunde, aus dem Grund, weil dieser Lichtätherleib im physischen Leib drinsteckt. Dadurch schlagen die Bewegungen des Ätherleibes überall an den physischen Leib an. Und durch dieses Anschlagen verwandeln sich die Lichtbewegungen des Ätherleibes in Erinnerungsvorstellungen. Wir sehen nicht die Bewegungen des Ätherleibes, sondern die durch das Anschlagen an den physischen Leib bewirkten Vorstellungen. Aber das sind die Erinnerungsvorstellungen.

Wenn der physische Leib weg ist, das heißt, wenn der Mensch durch die Todespforte gegangen ist, dann sind das Ich und der Astralleib viel intensiver im äußeren Äther drinnen – bis sie dann nach ein paar Tagen den äußeren Äther verlassen. Da wird der innere Lichtleib nicht mehr durch den physischen Leib, durch das Anschlagen an den physischen Leib, zu solchen Vorstellungen angeregt, die nur im physischen Leib möglich sind.

Daher sieht der Tote alles, was er erlebt hat, und was der Ätherleib jetzt abschwingen, ablaufen lässt, wenn er vom physischen Leib befreit ist, wenn er nicht mehr durch ihn aufgehalten wird. Das sieht er alles ablaufen in den paar Tagen nach dem Tod, denn der Ätherleib hat fortwährend die Tendenz, all das wieder aus sich hervorzubringen, was er jemals in den Erlebnissen des physischen Lebens als Bewegungen ausgeführt hat. Das ganze Leben läuft ab, schwingt ab im Ätherleib. Und man sieht das wie in einem Tableau, es projiziert sich zu einem mächtigen Tableau. Es projiziert sich das ganze ätherische Bewegungsspiegeln zu einem Tableauüberblick über das vergangene Erdleben.

Wenn wir die Möglichkeit hätten, den physischen Leib zu bezwingen, so hätten wir die Möglichkeit, uns von dem physischen Leib so unabhängig zu machen, dass wir auch den Ätherleib befreien. Das kann durch gewisse Meditationsvorgänge bewirkt werden, die alle zu den Vorgängen gehören, die in *Wie erlangt man Erkenntnisse der höheren Welten?* geschildert werden. Wir können es schon im Leben dahin bringen, durch den physischen Leib nicht gestört zu werden, sodass wir bei der Erinnerung nicht das schauen, was durch das Anschlagen des Ätherleibes an den physischen Leib entsteht, sondern dass wir das eigene Schwingen, die eigenen Bewegungen des Ätherleibes schauen. Wir sind dann im äußeren Lichtäther drinnen und schauen die Bewegungen unseres Lichtleibes.

Warum können wir das nicht im gewöhnlichen Leben? Warum geschieht das nicht im gewöhnlichen Leben, dass, wenn Fräulein Scholl der Gräfin Kalckreuth gegenübertritt und sie wiedererkennt, warum geschieht das nicht unter gewöhnlichen Umständen – also ich nehme jetzt an, dass kein Hellsehen vorliegt –, warum geschieht das, dass Fräulein Scholl sich an ihr Erinnerungsbild, das heißt an ein Vorstellungsbild von der Gräfin Kalckreuth erinnert, und nicht das innere Schwingen ihres eigenen Ätherleibes wahrnimmt, wodurch sie das innere Erlebnis haben würde: Aha, so hat mein Ätherleib immer geschwungen, wenn er der Gräfin Kalckreuth gegenübergetreten ist! Sie würde Licht wahrnehmen, das äußere Licht. Das Ich und der Astralleib von Fräulein Scholl würden die Bewegungen, die immerwährend intendierten Bewegungen des eigenen Lichtleibes wahrnehmen. Sie würde diese in der richtigen Weise zu deuten wissen, sodass sie sich sagt: Das sind die Bewegungen, die mein Lichtleib immer ausgeführt hat, wenn ich der Gräfin Kalckreuth gegenübergestanden habe.

Da hätten wir also die Erscheinung, dass wir durch das Verweilen im Äther – und das tun wir immer, weil wir mit einem großen Teil unseres Ich und unseres Astralleibes immer außerhalb unseres physischen Leibes sind –, dass wir durch das Verweilen im Äther, also durch das Weben und Wallen im Lichtäther, unser Stück organisierten Lichtäther mit seinen Bewegungen wahrnehmen. Wir würden aus dem Licht das Licht wahrnehmen, das in uns selbst ist. Warum geschieht das nicht im gewöhnlichen Bewusstsein? Warum nehmen wir da erst das Ergebnis des Anschlagens der Bewegungen des Ätherleibes an den physischen Leib wahr?

Das ist, weil Ahriman und Luzifer mit der irdischen Welt verknüpft sind, weil Ahriman den physischen Leib so eng an das ganze Wesen des Menschen gekettet hat, dass der Ätherleib nicht leicht freikommen kann. Das ist, weil dieser Ahriman den physischen Leib dicht mit dem Ätherleib, mit dem Lichtleib, zusammengeschlossen hat, und weil fortwährend die dienenden Geister des Ahriman da sind, die bewirken, dass, wenn der Mensch im Licht ist, sein Lichtleib mit seinen Schwingungen verdunkelt wird, sodass er ihn nicht schauen kann. Dämonen halten fortwährend den Lichtleib des Menschen in Dunkelheit. Das geschieht durch die Einrichtung, die Ahriman mit dem physischen Leib und auch mit dem Ätherleib getroffen hat.

Sodass wir sagen können – und ich will diesen Satz besonders an die Tafel schreiben, weil das ein wichtiger Satz ist –, sodass wir sagen können: Ist es der Menschenseele möglich, den Lichtleib, die Vorgänge im eigenen Lichtleib zu beobachten, so hat sie sich, diese Seele, von den ahrimanischen Kräften freigemacht, die sonst die Vorgänge im Lichtleib verdunkeln.

Was kann eine Seele erflehen, die das erreichen will, was kann sie ersehnen? Eine solche Seele kann zu gewissen Mächten, die in der geistigen Welt sind und die diese Seele kennt, eine solche Seele kann zu ihnen sagen:

Oh, Ihr Mächte in der geistigen Welt, lasset mich außerhalb meines physischen Leibes in der Lichtwelt wissend sein, um den eigenen Lichtleib zu beobachten! Lasset die Gewalt der ahrimanischen Mächte nicht zu stark sein über mich, sodass sie mir nicht unmöglich machen, das zu schauen, was in meinem Lichtleib vorgeht!

Ich will das noch einmal sprechen, was aus der Sehnsucht heraus die Seele von gewissen Mächten, die von ihr erkannt werden in der geistigen Welt, gebetartig erflehen könnte. Eine solche Seele könnte sagen:

Oh, Ihr Mächte, lasset mich bewusst im Lichte aus dem Licht heraus hinschauen auf die Vorgänge meines eigenen Lichtleibes und dämpfet ab, nehmet weg die Kraft der ahrimanischen Mächte, die mir verdunkeln und herabdämmern die Vorgänge im eigenen Lichtleib. Lasset mich bewusst aus dem Lichte mein eigenes Licht schauen. Lasset mich aus dem Lichte bewusst das Licht schauen, und nehmet weg die Mächte, die mich verhindern, aus dem Licht das Licht zu schauen!

Was ich jetzt gesprochen habe, meine lieben Freunde, ist nicht ein erfundenes Gebet, sondern so hat der Christus, nachdem er durch das Mysterium von Golgatha gegangen ist, diejenigen beten gelehrt, die ihn noch verstehen konnten in der Zeit, in der er nach der Überwindung des Mysteriums von Golgatha bei seinen intimeren Schülern verweilt hat. Das gehört zu dem Verständnis, zu dem gnostischen Verständnis, das diese Jünger dem Christus noch entgegenbringen konnten in der damaligen Zeit. Das ist dann verschwunden in der Art, wie ich es eben angedeutet habe, um die Zeit, um die Jahrhunderte herum, da das Mysterium von Golgatha war.

So zu der Macht, die ihnen der Christus selbst war, konnten diese innig mit dem Christus verbundenen Seelen aufschauen, um ihn um die Möglichkeit anzuflehen, aus dem Licht das eigene Lichtsein zu beobachten, um die entgegengesetzten Mächte ahrimanischer Natur zurückzuhalten, dass nicht aus dem Licht abgedämpft und abgedunkelt wird der Blick, um diese Lichtbewegungen des Lichtleibes zu schauen. Gelernt haben die intimen Jünger des Christus Jesus in jener Zeit das, was ich angedeutet habe. Das haben sie gelernt. Und sie wussten Bescheid, wie es mit all dem beschaffen ist, wovon wir heute gesprochen haben. Sie wussten darin Bescheid. Sie haben das in der Zeit gelernt, als der Christus mit ihnen nach dem Mysterium von Golgatha verkehrt hat.

Meine lieben Freunde! Wir haben unter den Bruchstücken, die aus der alten gnostischen Weisheit geblieben sind, auch die Pistis Sofia Schrift angeführt. Ich will ein

Stück aus dieser Pistis Sofia Schrift vorlesen. Dieses Stück heißt: «Ich will Dich preisen, o Licht, denn ich wünschte zu Dir zu kommen, ich will Dich preisen, o Licht, denn Du bist mein Erretter. Nicht verlaß mich im Chaos» – wie wenn ich da draußen im physischen Leib bin – «nicht verlaß mich im Chaos, rette mich, o Licht der Höhe, denn Du bist es, das ich gepriesen habe. Du hast mir Dein Licht durch Dich geschickt und mich gerettet, Du hast mich zu den oberen Örtern des Chaos geführt.» – wissend außer dem physischen Leib. «Mögen nun die Ausgeburten des ‹Frechen›» – das ist Ahriman, nur steht nicht «Ahriman» da – «die Ausgeburten des ‹Frechen›, welche mich verfolgen, in die unteren Örter des Chaos hinabsinken, und nicht laß sie zu den oberen Örtern kommen, daß sie mich sehen. Und möge große Finsternis sie bedecken und finstres Dunkel ihnen kommen. Und nicht laß sie mich sehen in dem Lichte Deiner Kraft, die Du mir gesandt hast, um mich zu retten, auf daß sie nicht wiederum Gewalt über mich bekommen. Und ihren Ratschluß, den sie gefaßt haben, meine Kraft zu nehmen, laß ihnen nicht gelingen, und wie sie wider mich geredet, zu nehmen von mir mein Licht, nimm vielmehr das ihrige anstatt meines. Und sie haben gesagt, mein ganzes Licht zu nehmen, und nicht hatten sie vermocht, es zu nehmen, denn Deine Lichtkraft war mit mir. Weil sie beratschlagt haben ohne Dein Gebot, o Licht, deswegen haben sie nicht versucht [Klartextnachschrift Finckh: vermocht], mein Licht zu nehmen. Weil ich an das Licht geglaubt habe, werde ich mich nicht fürchten, und das Licht ist mein Erretter, und nicht werde ich mich fürchten.»*

Beim «Fürchten» denken wir an Ahriman, so wie wir das im einen der *Mysteriendramen* sehen.

Jetzt haben wir ein Stück der Pistis Sofia Schrift. Ist es nicht wie gerettet mit dem Ziel, dass man sagen kann: Seht einmal zu, ihr Gegner der neueren Geisteswissenschaft. Da bekommt ihr von dieser neueren Geisteswissenschaft gesagt, dass vom Licht aus die Lichtbewegungen des Lichtleibes geschaut werden, wenn die entgegengestellten ahrimanischen Dämonen das nicht verhindern. Aber es gab eine Zeit, wo man das gewusst hat. Von dieser Zeit ist ein physisches Beweisstück in der Pistis Sofia Schrift da. Was ich Ihnen vorgelesen habe, ist nichts anderes als das Walten dessen, was ich vorher über die Beschaffenheit des Lichtleibes und das Verweilen der Seele im Lichtleib selbst geschildert habe.

Aber es gibt keine Möglichkeit, dieses Stück der Pistis Sofia Schrift zu verstehen, ohne dass man vorher das verstanden hat, was ich vorhin auseinandergesetzt habe. Daher müssten diejenigen, die die Pistis Sofia Schrift in die Hand bekommen, sich sagen, wenn sie so etwas lesen: Ich

* Aus *Jesus im Urteil der Jahrhunderte,* von Gustav Pfannmüller (Leipzig/Berlin 1908), Kap. 8. «Der Christus der Gnostiker», S. 52-53: «Ein Hymnus der geretteten Sophia aus der Schrift ‹Pistis Sophia›».

verstehe das überhaupt nicht! Aber dazu sind sie nicht bescheiden genug.

Das ist es aber, was über uns gegenüber einer solchen Sache kommen muss: die große Bescheidenheit, die darin besteht, dass man sich sagt: Ja, da ist ein Stück der Pistis Sofia Schrift, wo es heißt: «Ich will dich preisen, o Licht, denn ich wünsche, zu dir zu kommen. Ich will dich preisen, o Licht, denn du bist mein Erretter.» Indem ich es lese, verstehe ich es nicht.

Diese Demut müsste man haben, diese Bescheidenheit, das nicht verstehen zu wollen, bis man die Fähigkeit des Verstehens herbeigeführt hat. (Vortrag in Dornach am 2. Januar 1916, lt. Klartextnachschrift von Helene Finckh; vgl. auch GA 165, S. 117 ff.).

4. Von der Naturerkenntnis zu der Geistesfreiheit

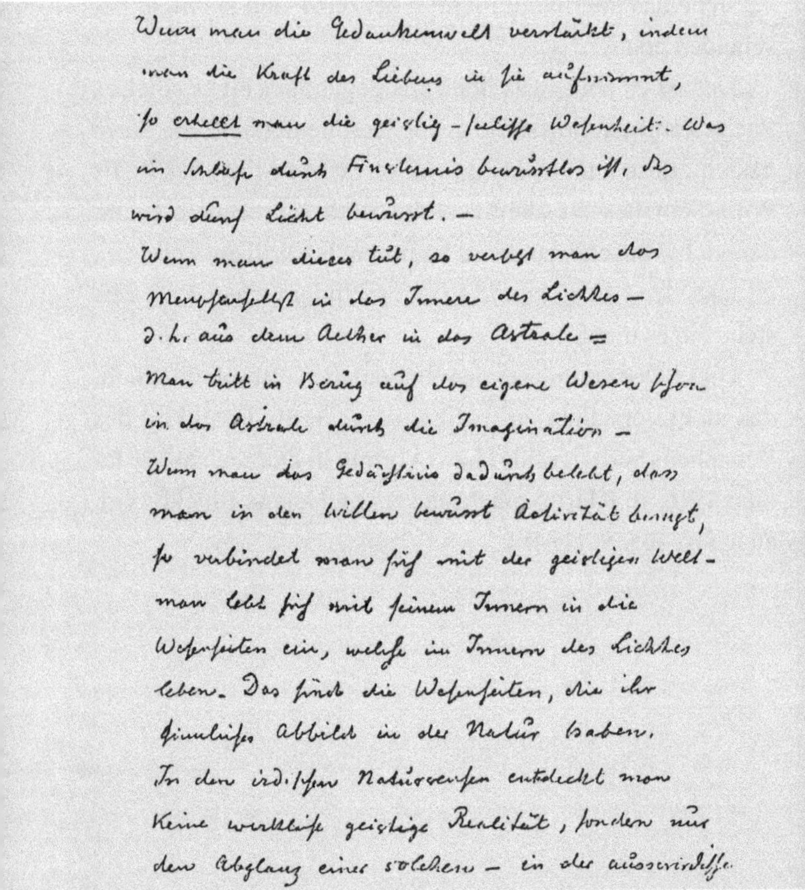

Wenn man die Gedankenwelt verstärkt, indem
man die Kraft des Liebens in sie aufnimmt,
so <u>erhellt</u> man die geistig-seelische Wesenheit. Was
im Schlafe durch Finsternis bewusstlos ist, das
wird durch Licht bewusst. –
Wenn man dieses tut, so versetzt man das
Menschenselbst in das Innere des Lichtes –
d. h. aus dem Aether in das Astrale =
Man tritt in Bezug auf das eigene Wesen schon
in das Astrale durch die Imagination –
Wenn man das Gedächtnis dadurch belebt, dass
man in den Willen bewusst Activität bringt,
so verbindet man sich mit der geistigen Welt –
man lebt sich mit seinem Innern in die
Wesenheiten ein, welche im Innern des Lichtes
leben. Das sind die Wesenheiten, die ihr
sinnliches Abbild in der Natur haben.
In den irdischen Naturreichen entdeckt man
keine wirkliche geistige Realität, sondern nur
den Abglanz einer solchen – in der ausserirdischen

Wenn man die Gedankenwelt verstärkt, indem/ man die Kraft des Liebens in sie au nimmt,/ so *erhellt* man die geistig-seelische Wesenheit. Was/ im Schlafe durch Fin ternis bewusstlos ist, das/ wird durch Licht bewusst. –/ Wenn man dieses tut, so ve setzt man das/ Menschenselbst in das Innere des Lichtes –/ d. h. aus dem Aether das Astrale:/ Man tritt in Bezug auf das eigene Wesen schon/ in das Astrale durch d Imagination –/ Wenn man das Gedächtnis dadurch belebt, dass/ man in den Wille bewusst Activität bringt,/ so verbindet man sich mit der geistigen Welt –/ man le sich mit seinem Innern in die/ Wesenheiten ein, welche im Innern des Lichtes/ lebe Das sind die Wesenheiten, die ihr/ sinnliches Abbild in der Natur haben./ In den ird schen Naturreichen entdeckt man/ keine wirkliche geistige Realität, sondern nur/ den Abglanz einer solchen – in der ausserirdischen

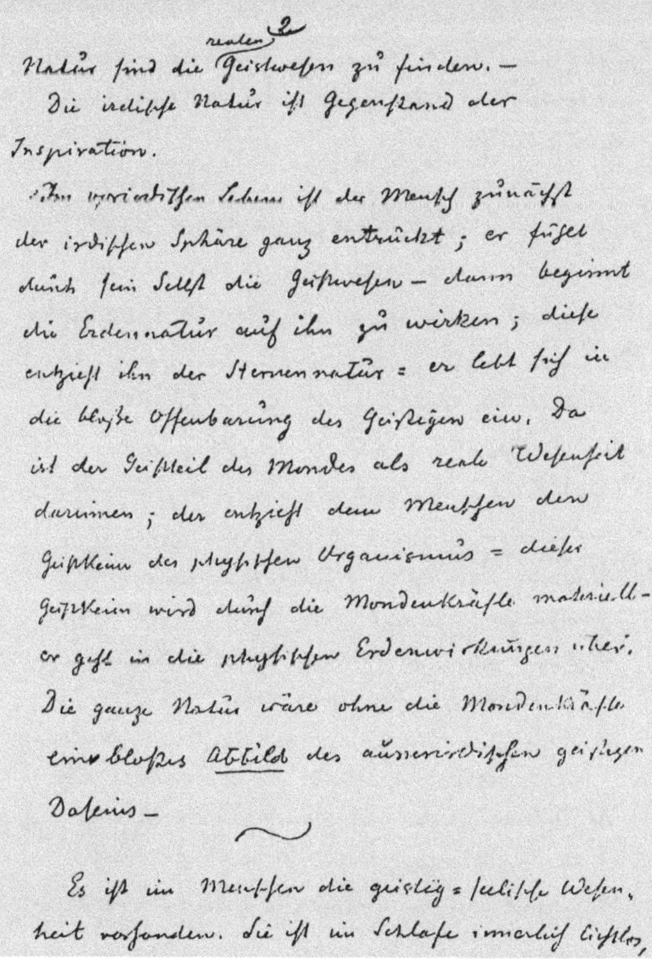

atur sind die realen Geistwesen zu finden. –/ Die irdische Natur ist Gegenstand
ɜr/ Inspiration./ Im vorirdischen Leben ist der Mensch zunächst/ der irdischen
phäre ganz entrückt; er fühlt/ durch sein Selbst die Geistwesen – dann beginnt/ die
rdennatur auf ihn zu wirken; diese/ entzieht ihn der Sternennatur: er lebt sich in/
e bloße Offenbarung des Geistigen ein. Da/ ist der Geistteil des Mondes als reale
/esenheit/ darinnen; der entzieht dem Menschen den/ Geistkeim des physischen
rganismus: dieser/ Geistkeim wird durch die Mondenkräfte materiell –/ er geht
die physischen Erdenwirkungen über./ Die ganze Natur wäre ohne die Monden-
äfte/ ein bloßes *Abbild* des ausseriridischen geistigen/ Daseins –/ Es ist im Men-
schen die geistig-seelische Wesen/heit vorhanden. Sie ist im Schlafe inner-
27 lich lichtlos,

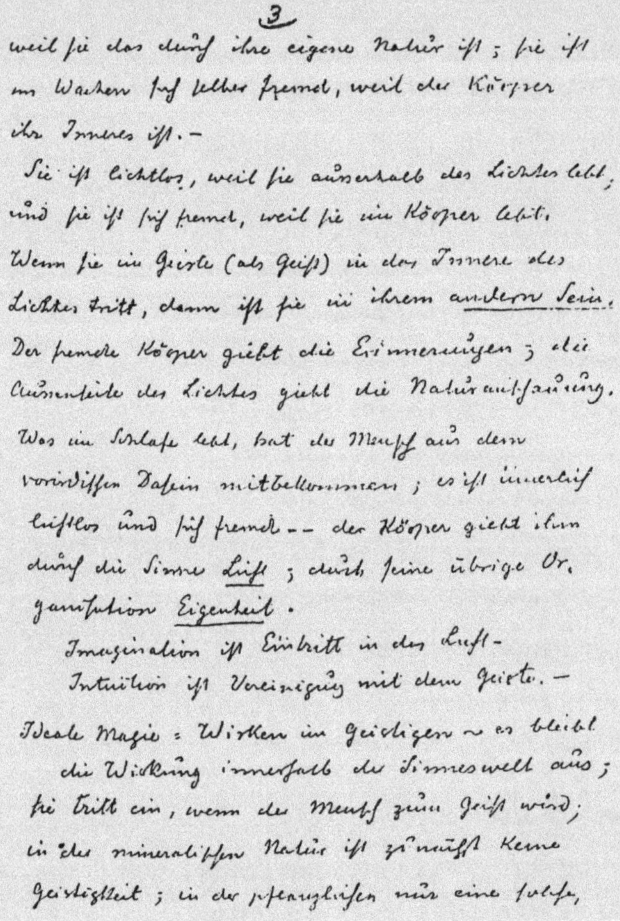

3

weil sie das durch ihre eigene Natur ist; sie ist
im Wachen sich selber fremd, weil der Körper
ihr Inneres ist. –
Sie ist lichtlos, weil sie ausserhalb des Lichtes lebt;
und sie ist sich fremd, weil sie im Körper lebt.
Wenn sie im Geiste (als Geist) in das Innere des
Lichtes tritt, dann ist sie in ihrem <u>andern Sein.</u>
Der fremde Körper giebt die Erinnerungen; die
Aussenseite des Lichtes giebt die Naturanschauung.
Was im Schlafe lebt, hat der Mensch aus dem
vorirdischen Dasein mitbekommen; es ist innerlich
lichtlos und sich fremd – – der Körper giebt ihm
durch die Sinne <u>Licht</u>; durch seine übrige Or-
ganisation <u>Eigenheit</u>.
Imagination ist Eintritt in das Licht –
Intuition ist Vereinigung mit dem Geiste. –
Ideale Magie: Wirken im Geistigen ~ es bleibt
die Wirkung innerhalb der Sinneswelt aus;
sie tritt ein, wenn der Mensch zum Geist wird;
in der mineralischen Natur ist zunächst keine
Geistigkeit; in der pflanzlichen nur eine solche,

weil sie das durch ihre eigene Natur ist; sie ist/ im Wachen sich selber fremd, weil de Körper/ ihr Inneres ist. –/ Sie ist lichtlos, weil sie ausserhalb des Lichtes lebt;/ und si ist sich fremd, weil sie im Körper lebt./ Wenn sie im Geiste (als Geist) in das Inne des/ Lichtes tritt, dann ist sie in ihrem *andern Sein.*/ Der fremde Körper giebt die E innerungen; die/ Aussenseite des Lichtes giebt die Naturanschauung./ Was im Schl fe lebt, hat der Mensch aus dem/ vorirdischen Dasein mitbekommen; es ist innerlic lichtlos und sich fremd – – der Körper giebt ihm/ durch die Sinne *Licht;* durch se ne übrige Or/ganisation *Eigenheit.*/ Imagination ist Eintritt in das Licht –/ Intuitic ist Vereinigung mit dem Geiste. –/ Ideale Magie: Wirken im Geistigen ~ es bleib die Wirkung innerhalb der Sinneswelt aus;/ sie tritt ein, wenn der Mensch zum Gei wird;/ in der mineralischen Natur ist zunächst keine/ Geistigkeit; in der pflanzlichen nur eine solche,

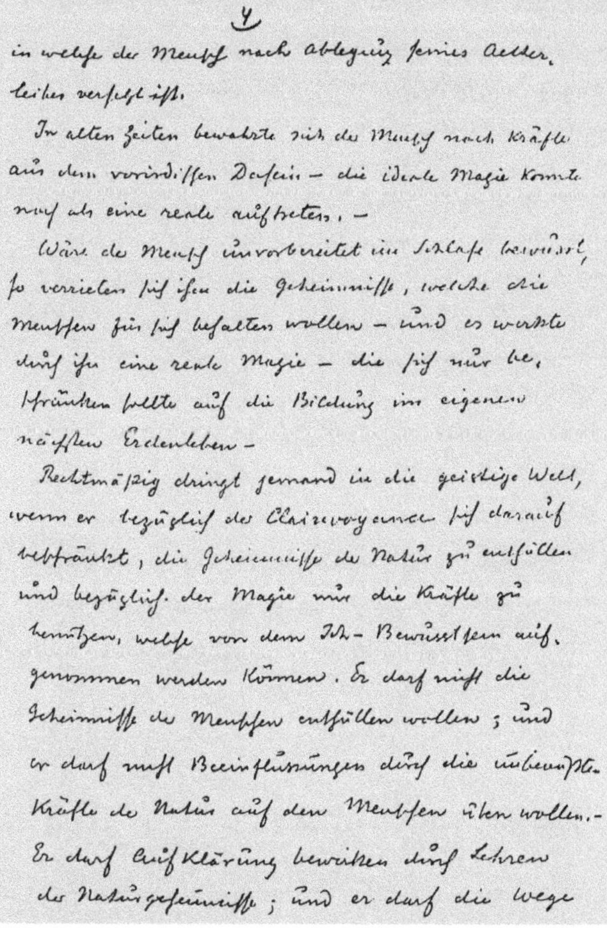

welche der Mensch nach Ablegung seines Aether/leibes versetzt ist./ In alten Zeiten wahrte sich der Mensch noch Kräfte/ aus dem vorirdischen Dasein – die ideale Ma- e konnte/ noch als eine reale auftreten. –/ Wäre der Mensch unvorbereitet im Schlafe wusst,/ so verrieten sich ihm die Geheimnisse, welche die/ Menschen für sich behal- n wollen – und es wirkte/ durch ihn eine reale Magie – die sich nur be/schränken soll- auf die Bildung im eigenen/ nächsten Erdenleben –/ Rechtmäßig dringt jemand in die istige Welt,/ wenn er bezüglich der Clairevoyance sich darauf/ beschränkt, die Ge- imnisse der Natur zu enthüllen/ und bezüglich der Magie nur die Kräfte zu/ benutzen, elche von dem Ich-Bewusstsein auf/genommen werden können. Er darf nicht die/ heimnisse der Menschen enthüllen wollen; und/ er darf nicht Beeinflussungen durch die unbewußten/ Kräfte der Natur auf den Menschen üben wollen. –/ Er darf Aufklärung bewirken durch Lehren/ der Naturgeheimnisse; und er darf die Wege

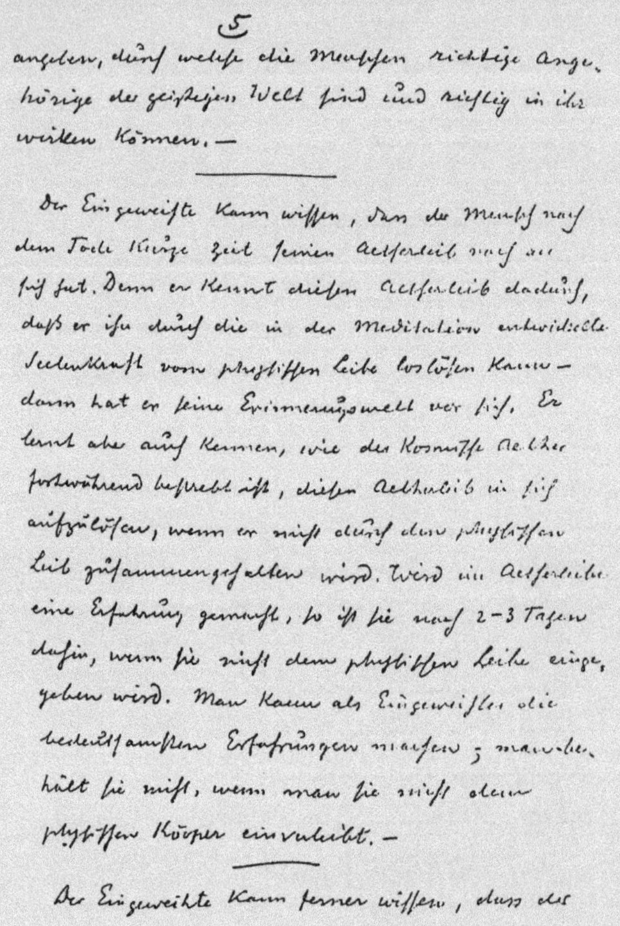

5

angeben, durch welche die Menschen richtige Ange-
hörige der geistigen Welt sind und richtig in ihr
wirken können. –

Der Eingeweihte kann wissen, dass der Mensch nach
dem Tode kurze Zeit seinen Aetherleib noch an
sich hat. Denn er kennt diesen Aetherleib dadurch,
daß er ihn durch die in der Meditation entwickelte
Seelenkraft vom physischen Leibe loslösen kann –
dann hat er seine Erinnerungswelt vor sich. Er
lernt aber auch kennen, wie der kosmische Aether
fortwährend bestrebt ist, diesen Aetherleib in sich
aufzulösen, wenn er nicht durch den physischen
Leib zusammengehalten wird. Wird im Aetherleibe
eine Erfahrung gemacht, so ist sie nach 2–3 Tagen
dahin, wenn sie nicht dem physischen Leibe einge-
geben wird. Man kann als Eingeweihter die
bedeutsamsten Erfahrungen machen; man be-
hält sie nicht, wenn man sie nicht dem
physischen Körper einverleibt. –

Der Eingeweihte kann ferner wissen, dass der

angeben, durch welche die Menschen richtige Ange/hörige der geistigen Welt sir und richtig in ihr/ wirken können. –/ Der Eingeweihte kann wissen, dass der Mensc nach/ dem Tode kurze Zeit seinen Aetherleib noch an/ sich hat. Denn er kennt diese Aetherleib dadurch,/ daß er ihn durch die in der Meditation entwickelte/ Seelenkra vom physischen Leibe loslösen kann –/ dann hat er seine Erinnerungswelt vor sic Er/ lernt aber auch kennen, wie der kosmische Aether/ fortwährend bestrebt ist, di sen Aetherleib in sich/ aufzulösen, wenn er nicht durch den physischen/ Leib zusan mengehalten wird. Wird im Aetherleibe/ eine Erfahrung gemacht, so ist sie nach 2 Tagen/ dahin, wenn sie nicht dem physischen Leibe einge/geben wird. Man kann a Eingeweihter die/ bedeutsamsten Erfahrungen machen; man be/hält sie nicht, wer man sie nicht dem/ physischen Körper einverleibt. –/ Der Eingeweihte kann ferner wissen, dass der

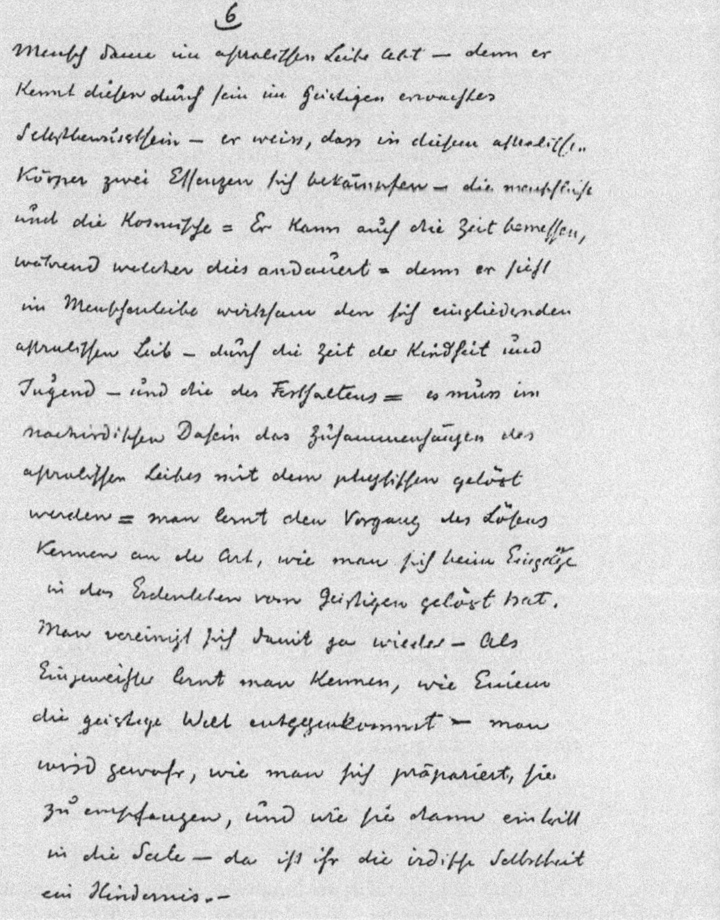
6

Mensch dann im astralischen Leibe lebt — denn er
kennt diesen durch sein im Geistigen erwachtes
Selbstbewusstsein — er weiss, dass in diesem astralischen
Körper zwei Essenzen sich bekämpfen — die menschliche
und die kosmische = Er kann auch die Zeit bemessen,
während welcher dies andauert = denn er sieht
im Menschenleibe wirksam den sich eingliedernden
astralischen Leib — durch die Zeit der Kindheit und
Jugend — und die des Festhaltens = es muss im
nachirdischen Dasein das Zusammenhängen des
astralischen Leibes mit dem physischen gelöst
werden = man lernt den Vorgang des Lösens
kennen an der Art, wie man sich beim Eingange
in das Erdenleben vom Geistigen gelöst hat.
Man vereinigt sich damit ja wieder — Als
Eingeweihter lernt man kennen, wie Einem
die geistige Welt entgegenkommt — man
wird gewahr, wie man sich präpariert, sie
zu empfangen, und wie sie dann eintritt
in die Seele — da ist ihr die irdische Selbstheit
ein Hindernis. —

Mensch dann im astralischen Leibe lebt – denn er/ kennt diesen durch sein im Geistigen erwachtes/ Selbstbewusstsein – er weiss, dass in diesem astralischen/ Körper zwei Essenzen sich bekämpfen – die menschliche/ und die kosmische: Er kann auch die Zeit bemessen,/ während welcher dies andauert: denn er sieht/ im Menschenleibe wirksam den sich eingliedernden/ astralischen Leib – durch die Zeit der Kindheit und/ Jugend – und die des Festhaltens: es muss im/ nachirdischen Dasein das Zusammenhängen des/ astralischen Leibes mit dem physischen gelöst/ werden: man lernt den Vorgang des Lösens/ kennen an der Art, wie man sich beim Eingange/ in das Erdenleben vom Geistigen gelöst hat./ Man vereinigt sich damit ja wieder – Als/ Eingeweihter lernt man kennen, wie Einem/ die geistige Welt entgegenkommt – man/ wird gewahr, wie man sich präpariert, sie/ zu empfangen, und wie sie dann eintritt/ in die Seele – da ist ihr die irdische Selbstheit/ ein Hindernis. –

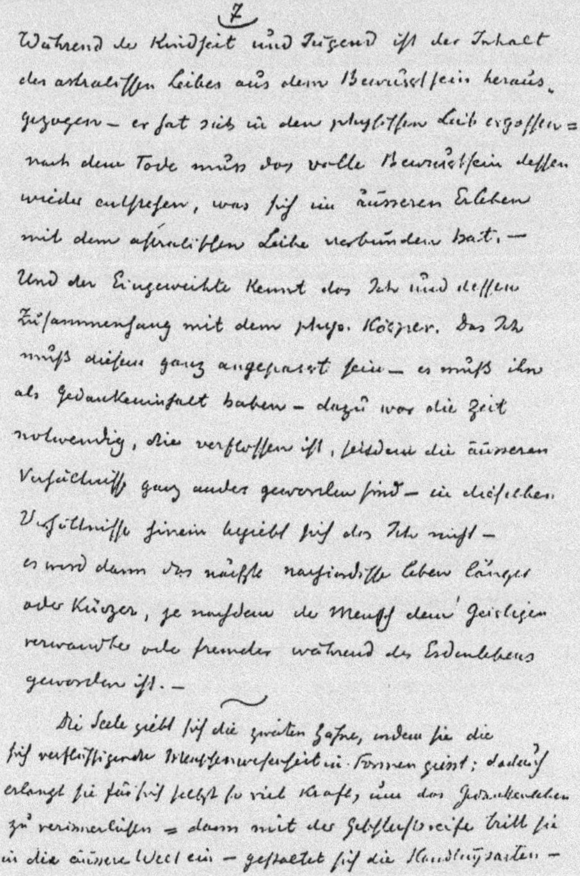

Während der Kindheit und Jugend ist der Inhalt/ des astralischen Leibes aus dem Bewusstsein heraus/gezogen – er hat sich in den physischen Leib ergossen:/ nach dem Tode muss das volle Bewusstsein dessen/ wieder entstehen, was sich im äusseren Erleben/ mit dem astralischen Leibe verbunden hat. –/ Und der Eingeweihte kennt das Ich und dessen/ Zusammenhang mit dem phys. Körper. Das Ich/ muß diesem ganz angepasst sein – es muß ihn/ als Gedankeninhalt haben – dazu war die Zeit/ notwendig, die verflossen ist, seitdem die äusseren/ Verhältnisse ganz anders geworden sind – in dieselben/ Verhältnisse hinein begiebt sich das Ich nicht –/ es wird dann das nächste nachirdische Leben länger/ oder kürzer, je nachdem der Mensch dem Geistigen verwandter oder fremder während des Erdenlebens/ geworden ist. –/ Die Seele giebt sich die zweiten Zähne, indem sie die/ sich verflüssigende Menschenwesenheit in Formen giesst; dadurch/ erlangt sie für sich selbst so viel Kraft, um das Gedankenleben/ zu verinnerlichen: dann mit der Geschlechtsreife tritt sie/ in die äussere Welt ein – gestaltet sich die Handlungsarten –

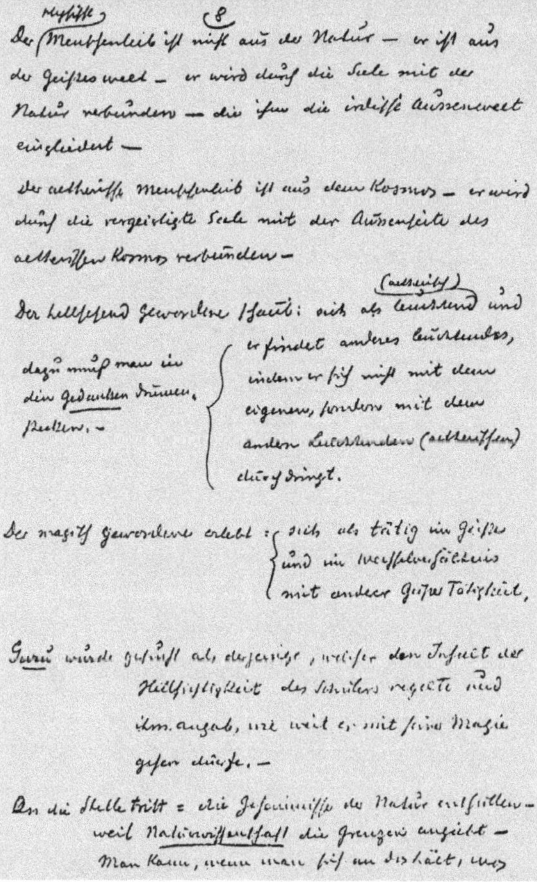

Der physische Menschenleib ist nicht aus der Natur – er ist aus/ der Geisteswelt – er wird durch die Seele mit der/ Natur verbunden – die ihm die irdische Aussenwelt/ eingliedert. –/ Der aetherische Menschenleib ist aus dem Kosmos – er wird/ durch die vergeistigte Seele mit der Aussenseite des/ aetherischen Kosmos verbunden –/ Der hellsehend Gewordene schaut: sich als leuchtend (aetherisch) und/

dazu muß man in den *Gedanken* drinnenstecken. – { er findet anderes leuchtendes,/ indem er sich nicht mit dem/ eigenen, sondern mit dem/ andern Leuchtenden (aetherischen)/ durchdringt.

Der magisch Gewordene erlebt: { sich als tätig im Geiste/ und im Wechselverhältnis/ mit anderer Geister Tätigkeit.

Guru wurde gesucht als derjenige, welcher den Inhalt der/ Hellsichtigkeit des Schülers regelte und/ ihm angab, wie weit er mit seiner Magie/ gehen dürfe. –/ An die Stelle tritt: die Geheimnisse der Natur enthüllen –/ weil *Naturwissenschaft* die Grenzen angiebt –/ Man kann, wenn man sich an das hält, was

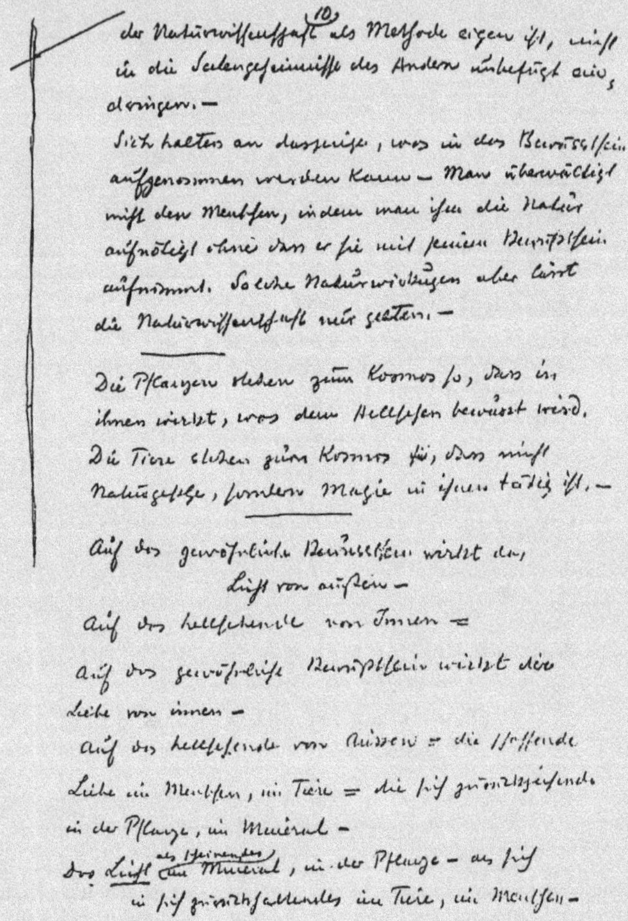

der Naturwissenschaft als Methode eigen ist, nicht/ in die Seelengeheimnisse des An
dern unbefugt ein/dringen. –/ Sich halten an dasjenige, was in das Bewusstsein/ auf
genommen werden kann – Man überwältigt/ nicht den Menschen, indem man ihm di
Natur/ aufnötigt ohne dass er sie mit seinem Bewusstsein/ aufnimmt. Solche Natur
wirkungen aber lässt/ die Naturwissenschaft nur gelten. –/ Die Pflanzen stehen zur
Kosmos so, dass in/ ihnen wirkt, was dem Hellsehen bewusst wird./ Die Tiere stehe
zum Kosmos so, dass nicht/ Naturgesetze, sondern Magie in ihnen tätig ist. –/ Auf da
gewöhnliche Bewusstsein wirkt das/ Licht von außen –/ Auf das hellsehende von In
nen:/ Auf das gewöhnliche Bewusstsein wirkt die/ Liebe von innen –/ Auf das hell
sehende von Aussen: die schaffende/ Liebe im Menschen, im Tiere: die sich zurück
ziehende/ in der Pflanze, im Mineral –/ Das *Licht* als scheinendes im Mineral, in der Pflanze – als sich/ in sich zurückhaltendes im Tiere, im Menschen –

Zu dieser Ausgabe

Die zwei Vorträge über Psychoanalyse am 10. und 11. November 1917 in Dornach wurden zum ersten Mal in der Zeitschrift *Anthroposophie,* 17. Jg., Buch 3, 1935, S. 191-226 gedruckt. Rudolf Steiner hielt die beiden Vorträge vor Mitgliedern der Anthroposophischen Gesellschaft. Für beide Vorträge liegt die Klartextnachschrift von Helene Finckh (s. Faksimile, erste Seite des 1. Vortrags S. 238) in zwei Anfertigungen vor, die gleichlautend sind.

Dieselben Vorträge sind auch in der Rudolf Steiner Gesamtausgabe (GA 178) abgedruckt: Rudolf Steiner, *Individuelle Geistwesen und ihr Wirken in der Seele des Menschen.* Dort heißt es (Ausgabe 2015, S. 239-240): «*Textunterlagen:* Alle Vorträge dieses Bandes wurden offiziell mitstenographiert von der Berufsstenographin Helene Finckh. [...] Die Original-Wandtafelzeichnungen und -anschriften Rudolf Steiners sind nicht erhalten geblieben.» In Bezug auf das Unbewusste schwankt der Text der GA zwischen «unbewusst» und «unterbewusst». Die vorliegende Ausgabe gebraucht immer «unbewusst», wenn es um die Sprache der Psychoanalytiker geht, und «unterbewusst» nur, wenn Rudolf Steiner seine eigenen Gedanken ausführt.

Für die Notizbucheintragungen auf S. 44 vgl. *Nachrichten der Rudolf Steiner-Nachlassverwaltung,* Heft 15, 1966, S. 19 und GA 178 (Ausgabe 2015, S. 238). Die

Zeichnungen im zweiten Vortrag (S. 69 u. 80) sind den Klartextnachschriften entnommen.

Zu den **Briefen «An die Mitglieder!»** (S. 86-111) vgl. Rudolf Steiner, *Für alle Menschen, Bd. 2: Anthroposophische Leitsätze* (Bad Liebenzell 2015).

Zum **Nachwort:** Betreffs Notizbucheintragung auf S. 128 s. GA 80a, S. 552.

Zum **Anhang:**

«Thomas-Kommentar» (S. 182-191): Zu diesem Kommentar gibt es keine deutsche Übersetzung. Neben der englischen Übersetzung von Macierowski und der italienischen von Caparello (s. S. 187) sind keine anderen bekannt.

«Der Wahrnehmungsprozess in seiner Ganzheit» (S. 207-211): vgl. GA 291a, S. 144-146. Mit dem «guten Mann» (s. S. 207) ist W. J. Stein gemeint.

«Das Leben im ‹Lichtleib›» (S. 212-225) ist ein Ausschnitt aus dem Vortrag vom 2. Januar 1916 in Dornach. Ihm liegt die Klartextnachschrift von Helene Finckh zugrunde, aus der auch die Zeichnung S. 212 stammt. Der Vortrag ist auch in GA 165 veröffentlicht.

«Von der Naturerkenntnis zu der Geistesfreiheit» (S. 226-234): vgl. *Beiträge zur Rudolf Steiner Gesamtausgabe,* Heft 106, 1991, S. 25-41 – auf S. 24 heißt es: «Notizbucheintragungen aus dem Jahre 1922 [...] Die Seiten wurden von Rudolf Steiner von 1-10 durchnumeriert, jedoch enthält die Seite 9 keinerlei Eintragungen.»

Das Umschlagmotiv ist der 8. «Klassenstunde» entnommen (s. Rudolf Steiner, *O Mensch erkenne dich selbst!*, S. 381) und stellt Denken, Fühlen und Wollen dar (gelber, grüner und roter Streifen), die im normalen Bewusstsein «nebeneinander» wirken (links, mit Kreis), und jenseits der Schwelle sich voneinander trennen (rechts – s. auch Zeichnung S. 69).

Alle Titel dieser Ausgabe sowie das Inhaltsverzeichnis und die Fußnoten stammen von Pietro Archiati (P. A.). Von ihm stammen auch die Übersetzungen, wenn nicht anders vermerkt. Auf der Webseite der *Rudolf Steiner Ausgaben* findet der Leser alle vorliegenden Klartextnachschriften in vollem Umfang faksimiliert wiedergegeben.

Klartextnachschrift H. Finckh, 1. Vortrag

Manuskript
Vervielfältigen, weitergeben,
abschreiben, nicht gestattet.

Vortrag

von

Dr. Rudolf Steiner

gehalten am 10. November 1917 in Dornach.

- - - - -

Meine lieben Freunde!

Gelegentlich der Vorträge, die ich in Zürich jetzt zu halten habe, trat mir erneut wiederum entgegen, daß man kaum mit dem geistigen Leben dieser Stadt in Berührung jetzt kommen kann in weiterem Umfange, ohne daß man den Blick hinlenkt auf dasjenige, was jetzt genannt wird die analytische Psychologie, auch Psycho-Analyse. Und verschiedene Erwägungen, die sich an dieses Aperçu knüpfen, veranlassen mich heute, dasjenige, was ich vorzubringen haben, einzuleiten mit einem kurzen Hinweis auf mancherlei gerade aus der analytischen Psychologie, aus der Psychoanalyse. Wir werden daran dann andere Bemerkungen zu knüpfen haben. Aber wir haben es ja gesehen, wie bedeutungsvolles doch gerade für den anthroposophisch orientierten Geisteswissenschafter ist, anzuknüpfen seine Betrachtungen an dasjenige, was die Zeit darbietet, was die Zeit bewegt. Man kann sagen: daß sich heute zur Psycho-Analyse auch hingezogen fühlen allerlei Leute, welche ernsthaftig suchen nach den geistigen Untergründen des Daseins, nach den seelischen Innerlichkeiten des Menschen. Und man kann sagen, daß es schon in gewissem Sinne einer Charaktereigentümlichkeit unserer Zeitepoche

Fachausdrücke der Geisteswissenschaft

Entwicklung von Erde und Mensch

7 planetarische Zustände der Erde:	1. Saturn-, 2. Sonnen-, 3. Monderde, 4. Erde (jetziger Planet), 5. Jupiter-, 6. Venus-, 7. Vulkanerde
7 geologische Zeiten der jetzigen Erde:	1. Polarische, 2. hyperboräische, 3. lemurische Erdenzeit 4. atlantische Erdenzeit 5. nachatlantische (die jetzige), 6., 7. Erdenzeit
7 Kulturperioden der «nachatlantischen» Zeit (je 2160 Jahre):	1. Indische, 2. persische, 3. ägypt.-chaldäische Kulturper. 4. griech.-römische Kulturperiode (747 v.–1413 n.Chr.); 5. unsere Kulturperiode (1413–3573 n.Chr.), 6., 7. Kulturper.

Das Wesen des Menschen

3 Körper-Hüllen:	1. Physischer Körper 2. Ätherischer Körper, Ätherleib, Bildekräfteleib 3. Astralischer Körper, Astralleib, Empfindungsleib
3 Seelen-Kräfte:	1. Empfindungsseele 2. Gemüts- oder Verstandesseele 3. Bewusstseinsseele
3 Geistes-Glieder:	1. Geistselbst (höheres Ich) 2. Lebensgeist 3. Geistesmensch
Aus 9 wird 7:	1. Physischer Leib, 2. Ätherleib, 3. Astralleib, 4. Ich, 5. Geistselbst, 6. Lebensgeist, 7. Geistesmensch

Dreiheit in Mensch und Welt

Geistige Wesen:	«Luzifer»	«Christus»	«Ahriman»
Evangelium:	Diabolos	Streben nach Gleich-gewicht	Satanas
Geistig:	Spiritualismus		Materialismus
Seelisch:	Schwärmerei		Pedanterie
Physisch:	Entzündung		Sklerose
Moralisch:	hemmend	fördernd	hemmend

Naturelemente

Ätherwelt:	Wärmeäther	Lichtäther	Ton-/Zahlenäther	Lebensäther
Phys. Welt:	Wärme	Luft	Wasser	Erde
Unternatur:	Schwerkraft	Elektrizität	Magnetismus	Atomkraft
Naturgeister:	Salamander	Sylphen	Undinen	Gnomen

Stufen der Einweihung

1. Imagination:	Bilder sehen – in der Akasha-Chronik (Ätherwelt)
2. Inspiration:	Worte hören – in der Seelenwelt (Astralwelt)
3. Intuition:	Wesen erkennen – in der geistigen Welt (Devachan)

Rudolf Steiner (1861-1925) ergänzt die moderne Naturwissenschaft durch eine umfassende Geisteswissenschaft, die Anthroposophie, die in der heutigen Kultur eine einzigartige Herausforderung zur Überwindung des Materialismus ist, der die Menschheit zum Untergang zu führen droht.

Die Anthroposophie hat ihre Fruchtbarkeit vor allem in der Erneuerung verschiedener Lebensbereiche gezeigt: der Erziehung, der Medizin, der Kunst, der Landwirtschaft. Der Wahrheitsgehalt der Geisteswissenschaft lag Rudolf Steiner ganz besonders am Herzen, weil er in ihm den Inspirations- und Kraftquell für alle äußere Tätigkeit sah.

Von den Vorträgen Rudolf Steiners sind Klartextübertragungen und Nachschriften unterschiedlicher Qualität erhalten. Die Vorträge lagen bis vor Kurzem überwiegend in einer stark bearbeiteten Fassung vor. Die ursprünglichen Klartextübertragungen, die zu Beginn des 21. Jahrhunderts der Öffentlichkeit zugänglich gemacht worden sind, machen es möglich, dem von Rudolf Steiner gesprochenen Wort näherzukommen.